In medio consistit Virtus.
Sic itur ad Astra.

LA LAÏS PHILOSOPHE,
OU MÉMOIRES DE MADAME D***,
ET SES DISCOURS A Mr. DE VOLTAIRE
SUR SON IMPIETÉ,
Sa mauvaise conduite, & sa Folie.

NOUVELLE EDITION
CONSIDERABLEMENT AUGMENTÉE.

AMARA LATO TEMPERET

Selon l'original imprimé
A BOUILLON 1761.
Chez PIERRE LIMIER,
Imprimeur & Libraire.

LA LAÏS PHILOSOPHE.

L'Histoire de ma vie fera plaisir aux gens de Lettres; d'autres Lecteurs seront étonnés de voir une Courtisanne vouloir convertir des Déistes. Qu'on ne me fasse pas un crime de mes démarches; le tempérament fait les mœurs, aussi bien que l'esprit & le caractère. Née avec une extrême vivacité, je n'ai cherché que le plaisir Epicurien, que nos Beaux esprits ne prendront pas pour la volupté grossière; ils demandent qu'on unisse les attraits de l'esprit à ceux des sens:

L'esprit a ses plaisirs, de même que le corps:
L'excès produit en tout de dangereux remords;
Mais l'homme pénétrant, comme la sage abeille,
S'amuse après l'odeur de la rose vermeille.

La Provence est ma patrie. Mes parens me donnerent dans mon enfance l'éducation la plus sage; mais l'influence d'un Climat ardent

ardent altéra bientôt mes vertus naiſſantes. Je fus miſe dans un Couvent : j'y entrai avec dégoût; j'en ſortis par humeur. L'amour, ce tendre mais dangereux enfant, ne m'avoit point encore percé de ſes traits. Hélas ! pourquoi faut-il que chaque mortel vive tôt ou tard ſous un empire auſſi doux, mais en même tems auſſi rigoureux ? Mon cœur, au milieu de la paix & de la tranquilité, couloit des jours heureux; tems précieux & charmant, que je regrette encore, malgré toutes les délices qui forment notre bonheur imaginaire. Revenue chez mes parens, je ſentis mon cœur ſoupirer à la vûe d'un jeune homme aimable, tendre & inſinuant : j'ignorois à la vérité le pouvoir de l'amour; mais bientôt la Nature dévoila en moi des ſentimens délicieux, dont je ne connoiſſois pas le principe. Je formai en ſecret le deſſein de m'approcher de lui, & d'avoir enſemble une liaiſon de bienſéance. Je ne conſultois en cela que le plaiſir de le voir & de l'entendre; je trouvois dans ſes yeux une douceur charmante qui raviſſoit toutes les facultés de mon ame. Enfin le moment arriva, où nos cœurs s'unirent de concert. Je l'aimai, il m'aima; moment fatal qui fut la cauſe de tous les chagrins de ma vie. Il me demanda en mariage; mon pere le refuſa.

fusa. Je consens à un enlevement; il m'abandonne à Paris dans un Hôtel garni, où logeoit un Auteur, aussi aimable par les qualités de l'esprit que par celles du cœur. C'est-là où le sort voulut que je fusse en société avec presque tous les Beaux-esprits de la France; sort heureux, si les vices du cœur ne corrompoient souvent les bonnes qualités de l'esprit. Ma maison étoit l'affiche du génie; les conservations amusantes, les gentillesses de l'esprit, la finesse des satyres, la critique des Ouvrages nouveaux, les saillies de l'esprit, la Philosophie, la Morale, tout étoit du ressort de notre société. Comme je lisois beaucoup, & que j'avois l'esprit extrémement vif & plein de feu, je fus bientôt en état de tenir tête à ces Messieurs, & de leur faire voir que leurs Ouvrages ne tendoient pas toujours à ce vrai, si recherché & si ignoré. Je desirai depuis quelque tems d'avoir une conversation particulière avec le célebre Mr. de *Voltaire*, & quelques jours après j'eus une occasion favorable de me lier avec lui d'amitié. Jamais je ne l'aurois cru un Philosophe amoureux. Je m'étois persuadée que cette espèce de misantropes étoit une nation farouche que rien ne pouvoit apprivoiser; je fus bien détrompée, lorsque je vis un homme filer à merveille la parfaite galanterie.

Madame, me dit-il, au premier abord, si les charmes de la beauté représentent si bien ceux de la Divinité, me seroit-il permis de venir rendre hommage au plus parfait de ses tableaux ? Non, Monsieur, lui dis-je ; si vous regardez la beauté comme l'image de la Divinité, vous ne trouverez point ici d'autel qui mérite vos sacrifices : les attraits de l'esprit surpassent ceux des sens, & si j'avois à rendre quelque hommage, ce seroit uniquement au vôtre. Nous eûmes ensemble un entretien assez long, & après nous être donné de mutuelles assurances d'amitié, je le priai d'entrer dans un plus grand détail sur les profondes matières de la Morale & de la Philosophie. J'étois fort curieuse de ces matières, & quoique le tempérament soit souvent en nous au-dessus de la Religion, je voulois au moins avoir le plaisir de confondre, selon mes forces, l'orgueil de la Philosophie à la mode.

Votre *Henriade*, lui dis-je, Monsieur, est remplie de ces pensées sublimes, de ces tours fins & délicats, de ces saillies brillantes qui caractérisent si bien le vrai Poëte ; mais où avez-vous puisé ces maximes dangereuses qui sont si souvent semées dans vos Ouvrages ? L'Etre suprême, dites vous, est dans la dernière indifférence pour ses créatures : le
plus

plus petit animal & l'homme, selon vous, ont un même sort; il n'est aucun châtiment réservé au crime, ou s'il en est, il n'est que passager. On peut, selon vous, plutôt démontrer la mortalité de l'ame que son immortalité; elle n'est formée que d'atômes ignés. En vérité je ne crois pas que la vraie Philosophie puisse admettre des systêmes si contraires à la raison. N'est-il pas, lui dis-je, contraire au bon sens, que le souverain Môteur nous ait créés pour nous livrer à nous-mêmes dès l'instant de la Création? Voiez-vous un père de famille, ou une mere tendre abandonner leurs enfans d'abord qu'ils sont nés. L'Univers même, selon vous, ne rentreroit-il pas dans le néant, si le Créateur cessoit un moment d'en maintenir l'équilibre? Or croiez-vous que Dieu ne fasse pas pour son Chef-d'œuvre ce qu'il fait pour le moindre de ses êtres? Seroit-il moins plein de bonté pour nous que pour le dernier des atômes? Croiez-moi, Monsieur, une Intelligence suprême ne fait rien sans dessein; & s'il étoit vrai que les démarches de l'homme, ou les loix du mouvement ne fussent que l'effet du concours fortuit des atômes ou des causes secondes, vous ôteriez à la Divinité le plus grand de ses attributs, je dis, l'intelligence & la bonté.

Vos raisons, me dit-il, Madame, pourroient sans doute convaincre ces génies qui n'osent franchir les limites de la raison; mais nous autres Philosophes, qui entrons sans aucune crainte dans les profonds abîmes de la Philosophie, nous appercevons ce que d'autres ne sauroient voir. Parcourez, Madame, l'immensité des espaces, ces Globes infinis dont les orbes immenses confondent l'imagination la plus vaste; croiez - vous qu'un Etre, aussi grand, daigne faire attention à des créatures qu'il n'a formées que pour son plaisir? L'aigle aux ailes rapides daigne-t il considérer le foible vol du colibri? Voiez-vous un puissant Monarque de la terre s'inquiéter du sort du dernier de ses sujets?

„ Cet Etre tout - puissant, que l'Univers adore,
„ Peut sans doute accorder à celui qui l'implore,
„ Ses plus rares faveurs, ses dons les plus heureux :
„ Mais peut-on exiger que pour un malheureux
„ Cet Arbitre des cieux, le Maître du tonnerre,
„ Abandonne l'Olympe & vole sur la terre?

„ Dieu a établi des Loix primitives qui
„ sont invariables. Le bien & le mal dans
„ le monde physique concourent à la per-
„ fection de l'Univers, de même que les
„ ombres ne servent qu'à relever les beautés
„ d'un tableau; & pourquoi faire un crime
„ à la Divinité, de son indifférence sur le
„ sort

» sort de ses créatures ? Il n'a établi des loix
» secondaires que pour ne pas obscurcir l'éclat
» de sa gloire, en s'abaissant jusqu'à diri-
» ger de vils atômes ".

En vérité, Monsieur, vous m'étonnez, lui répondis-je : sont-ce donc là ces prétendus raisonnemens si sublimes de votre Philosophie ? J'aurois cru que des génies, qui se disent si vastes & si profonds, ne seroient pas couverts d'une gaze aussi superficielle. Eh quoi ! des sophismes, aussi spécieux, sont donc l'unique fondement de vos systêmes impies ? C'est donc par de telles chimères que vous séduisez tant d'esprits foibles ? L'éclair, qui brille quelques instans, peut les éblouïr ; mais la raison reprend tôt ou tard son empire. Par quelle témérité ôsez-vous dire encore que le plus petit animal & l'homme sont un même composé, & qu'ils ont une égale destinée ? Est il possible que l'homme, cet être si noble, si élevé, si prévenu sur les lumières de son esprit, puisse se dégrader jusqu'à la condition de la brute ? Voudriez-vous de bonne-foi qu'un ennemi vous traitât ainsi ? de quel œil regarderiez-vous celui qui voudroit vous décorer des oreilles d'un Midas ? ne vengeriez-vous pas aussitôt une injure aussi vive ? Que le caprice de l'homme est affreux ! Il

rougit

rougit de sa véritable gloire, & se glorifie de son infamie. Souvenez-vous, Monsieur, de cette fable impie, où vous ne rougissez pas de mettre l'homme au niveau de la brute: ,, La souris, dites-vous, peut se vanter que ,, Dieu a aussi bien créé pour elle ces vastes ,, montagnes de lard, que les astres & les ,, beautés de la terre pour l'homme; le ca- ,, nard nazillant dit en lui-même, *Oui, c'est* ,, *pour moi que le souverain Auteur a créé la sphé-* ,, *re immense des airs, la vaste étendue des lacs* ,, *& des étangs*". Pareils & autres écarts de votre imagination déréglée nous prêchent ,, que la brute peut même regarder l'hom- ,, me au dessous d'elle & que les attributs ,, des bêtes sont préferables aux qualités de ,, l'homme".

Ah! Monsieur, comment un génie d'un ordre aussi supérieur (car c'est ainsi qu'on vous regarde dans le Monde), comment, dis-je, peut il s'abaisser jusqu'à des imaginations aussi pitoiables? La raison ne vous dit-elle pas, Monsieur, que l'homme est le Chef-d'œuvre de la Divinité; qu'il n'a été créé que pour adorer & glorifier son Créateur; que si l'homme & la bête n'avoient qu'un même sort, l'Etre suprême seroit injuste, & nous auroit trompés; car, Monsieur, considérons un instant l'origine de l'homl'homme. Quel a été le motif qui a engagé l'Etre souverain à le créer ? Environné de toute éternité des splendeurs de sa gloire, heureux du bonheur de lui même, avoit-il besoin de créer tant de Mondes divers pour y manifester sa puissance ? Mais dans l'ordre de ses décrets éternels il voulut, par pure bonté, rendre son bonheur communicatif, c'est-à-dire former des êtres qui participassent à sa félicité : or, le bienfait de cette participation exigeoit un tribut de gloire & de louange ; la libéralité demande la reconnoissance, & la reconnoissance est le principe commun de nouveaux bienfaits. Dieu tira donc l'homme du néant, & la fin, qu'il se proposa, fut sa propre gloire & le bonheur de ses créatures. Des là un être, capable d'offrir ses louanges & ses adorations, devoit en quelque sorte participer à l'essence divine, & devenir la propre image de la Divinité. Tel en effet est l'homme ; il tient à Dieu par l'intelligence de l'ame qui lui est propre ; par la distinction innée du crime & de la vertu ; par le desir du parfait bonheur ; par ses desirs sublimes & élevés, qui le mettent au-dessus de tous les êtres ; par ce pouvoir de commandement qui lui donne une supériorité parfaite sur les êtres subalternes ;

enfin

enfin par tant d'heureux talens, qui l'approchent autant des Esprits divins, qu'il est éloigné de la grossièreté des bêtes. Mais vous, Monsieur de Voltaire, vous que le goût de l'impiété, vous que le desir de l'indépendance rend si semblable à l'Ange rebelle, vous qui prétendez être une petite Divinité sur la terre, vous qui ne reconnoissez d'autres Loix que celles qu'inspirent les passions, répondez-moi de bonne-foi: le cœur, l'esprit & la raisonne vous disent-ils pas, que vos principes impies sont contraires non seulement à l'idée intime que tout homme a de sa nature, à notre sainte & respectable Religion; mais encore à toutes les Religions du Monde, quoique susceptibles d'un caractère de fausseté? Vous ne niez pas, il est vrai, l'existence de la Divinité; vous n'admettez pas le politheïsme (cette erreur n'est plus de saison), vous vous glorifiez simplement d'être Théïste, mais quel Théïsme? O Dieu! peut-on se former une idée plus horrible de la Divinité? Vous ne voulez pas qu'elle ait distingué l'homme de la brute. Vous prétendez que l'égalité & la conformité des organes emportent avec elles l'anéantissement: mais si l'homme avoit été destiné, comme la brute, à la fatalité du néant, pourquoi remarquons-nous en nous-mêmes

mes cette élévation de sentimens, cette noble faculté de penser, cet invincible desir du bonheur ? Pourquoi la brute n'adore-t-elle pas comme nous ? Pourquoi un instinct, toujours uniforme, lui fait-il faire les mêmes actions ? Les connoissances de la bête sont-elles aussi étendues que celles de l'homme ? La voiez-vous lever les yeux vers le ciel, jetter des regards supplians vers le Trone de l'Eternel, l'adorer avec le plus profond respect, & lui rendre ses plus tendres hommages ? La voiez-vous former de saintes Sociétés pour n'offrir ensemble qu'un cœur, qu'une ame & qu'un même acte d'adoration ? La voiez-vous aussi industrieuse que l'homme, voler d'un Pole à l'autre pour se donner des secours mutuels, parcourir le Globe immense de la Terre pour aller porter à des peuples nouveaux les richesses de l'Art, de la Religion & de la Nature ? La voiez-vous former des correspondances de génie, de commerce, d'industrie, d'instruction & de sentiment ? Jettez, Monsieur, un regard sur ces vastes palais, sur ces monumens superbes, fruits heureux du génie, & sur ces chefs-d'œuvre de l'Art, qu'un peuple, justement jaloux de sa liberté, semble avoir créés pour imposer des bornes à l'impétuosité des mers ; trouverez-vous cet esprit vaste & étendu dans

la

la grossière simplicité des bêtes ? O erreur ! ô aveuglement ! Jusqu'où les plus grands génies mêmes ne s'égarent-ils pas, quand ils ne veulent suivre que les foibles lueurs de la raison ?

La Foi, Monsieur, ce guide sage & éclairé, est le seul flambeau qui puisse nous diriger dans la nuit de ce Monde ; aussi n'est-ce pas en vain que nos Livres saints nous disent avec tant de vérité, que l'esprit de l'homme est trop borné pour pénétrer l'infini ; que personne n'a jamais pû creuser dans les profonds abîmes de la Divinité, & qu'il faut de toute nécessité consulter son cœur & sa Religion pour saisir les vrais principes. Ne riez vous pas maintenant de ces Philosophes anciens, qui, sous un grand étalage de raisonnemens, n'enfantoient que des systémes ridicules ? De quel prix sont à vos yeux Pythagore & sa Métempsicose ? Platon & Socrate, au milieu de quelques vérités, n'ont-ils pas été couverts des plus épaisses ténèbres ? Aristile, Zenon, Démocrate, Diogene & Théocrite ne vous paroissent-ils pas des héros d'un Roman comique ? Leurs noms ne sont devenus fameux que par leurs erreurs ; mais ignorez-vous, que Monsieur de Voltaire n'aura dans peu que l'affreuse réputation d'un Auteur seur privé de tout sentiment de Religion; d'un Auteur qui, prétendant être l'oracle de la terre, sera devenu la fable des gens sensés; d'un Auteur, qui, pouvant consacrer ses talens pour la gloire de la Religion, n'aura produit que des monstres d'impiété, dignes de l'anathême du Ciel & de la terre; d'un Auteur enfin qui, pouvant être l'oracle de son siécle, en sera devenu l'oprobre & l'horreur? Convenez, Monsieur, que notre Sexe, pour ne pas se glorifier de tant de force d'esprit, a souvent des vûes plus éclairées, un jugement plus impartial & plus sain que vous autres Messieurs les Philosophes, qui, pour vous donner un certain renom de vanité, vous attirez un persifflage éternel.

Madame, me dit Monsieur de Voltaire, je ne puis qu'applaudir à vos raisonnemens; ils sont solides & convainquans. La beauté est toujours persuasive, & je vous avoüe que des argumens aussi puissans, joints à cette candeur & à cette franchise aimable qui vous caractérisent, seroient seuls capables de me convaincre: mais représentez-vous que l'intérêt de la Philosophie exige de nous que nous fassions une Classe distinguée du commun des mortels. Comment notre gloire pourroit-elle soutenir une rétraction

B authen-

authentique ? Que diroit-on de nous dans le Monde, si, après un grand étalage de génie, nous étions réduits au niveau du reste des hommes ? L'aigle aime à prendre un essor rapide, & croiroit s'avilir de ne pas planer au-dessus de la moïenne région des airs. Quoi donc! Monsieur, lui dis je alors, ce n'est donc qu'un pur respect humain qui vous fait gemir dans l'erreur? Vous connoissez la vérité; malgré vous, vous en êtes persuadé, & vous portez la témérité jusqu'à vous refuser à ses lumières? Ne faites-vous pas profession de la suivre, ne la prônez-vous pas par-tout comme le centre où tendent tous vos travaux, ne vous vantez-vous pas de ne chercher qu'elle seule dans tous vos Ouvrages? l'imposture est donc votre caractère distinctif? Mais l'honnête homme, qualité dont vous vous vantez si fort, ne rougiroit-il pas de cet esprit de duplicité? Voilà où conduit l'erreur de l'esprit. Vous avancez les paradoxes les plus étonnans, & vous craignez de les rétracter; mais le vrai, le solide esprit ne devroit il pas au contraire se glorifier dans la vérité? Ne seriez-vous pas plus estimé de tous les honnêtes gens, si vous vous rapprochiez avec sincérité des vérités salutaires que la Foi, la Raison & la Révélation dictent à

tous

tous les hommes ? N'avez-vous pas à vous reprocher à vous-même les horribles ravages que vous avez faits dans la Société ? Quelle affreuse corruption n'avez vous pas répandue dans tant d'esprits ? Impie vous même, vous avez infecté l'Univers d'une peste mortelle, qui entraînera peut être presque tout le monde Chrétien dans l'abime où le libertinage de votre esprit vous a plongé vous même. Eh ! quel compte n'aurez-vous pas un jour à rendre à cette Divinité vengeresse, devant qui votre orgueil sera un jour brisé, au terrible Tribunal de sa justice ? Que vous en est-il revenu d'avoir dégradé l'homme, & de l'avoir mis au niveau de la brute ? Malheureux ! qu'avez-vous fait ? Voiez ces gouffres immenses où vous avez plongé tant d'ames, qui réclameront un jour contre vous. Vous ne voulez qu'être un atôme ; eh ! qu'est donc devenu cet orgueil philosophique, qui vous érige en censeur de la Divinité ? N'appercevez-vous pas la distance infinie du néant à l'être ? Vous voulez rentrer dans le néant : ouï, votre réputation y rentrera. On ne se souviendra de vous que comme on se ressouvient de ces monstres horribles qui ont ravagé la terre, & qui ont allumé dans l'Univers le flambeau de la discorde. Considérons un instant,

B 2 si

si les seules Loix de la Société peuvent s'accorder avec un système si affreux; nous examinerons ensuite s'il peut convenir avec celles de la Religion.

Vous ne l'ignorez pas, Monsieur, & le seul orgueil vous précipite dans le plus fatal aveuglement. Les sociétés ne doivent uniquement leur origine qu'au desir de procurer aux humains la paix, l'innocence, le bonheur & la tranquillité. Solon n'établit dans Athenes des Loix si sages, que pour faire un peuple d'heureux. Lycurgue dans Lacedemone ne fit des Loix si rigides, que pour conserver l'austère tempérance, mere de la justice & de la frugalité; les peuples les plus policés n'ont dû leur félicité qu'à la sagesse des Législateurs. C'est de la sagesse des Loix que dépend la sagesse des peuples; mais; mais vous, Monsieur, Législateur nouveau, je voudrois vous demander, si les Nations pourroient se flatter d'un tel bonheur sous votre empire, si l'on verroit l'agneau paisible se reposer tranquillement auprès du lion en fureur. Si le néant est le partage de l'homme, comme celui de la brute, ne seroit on pas insensé de se contraindre? pourquoi respecteroit-on les droits sacrés de la Nature, puisqu'on doit disparoître dans un instant comme l'éclair

qui

qui vole de l'Orient à l'Occident ? pourquoi mettroit-on un frein à ſes paſſions ? qu'on porte la conſternation, le ravage & la mort dans le ſein de ſes concitoiens ; que le plus foible devienne la victime & la proye du plus fort ; que le Prince en courroux extermine un peuple fidèle & ſage ; qu'on faſſe rentrer dans le gouffre de ſon luxe la ſubſtance du pauvre & de l'orphelin ; qu'il écraſa tant de malheureux comme de vils inſectes, faits pour rentrer dans le néant ; qu'il s'érige ſur le Trône même de la Divinité ; qu'il profere l'anathême contre le Ciel & la terre ; qu'il ſe livre au débordement de toutes les paſſions ; qu'un ennemi en fureur aille, le fer en main, porter le poiſon de la mort juſque dans le ſein de ſon frere ; que le pere barbare écraſe l'enfant ſous la pierre ; qu'une épouſe infidèle porte la honte & le deshonneur dans une famille où regnent la décence & la probité ; que le frere deshonore ſon propre ſang ; que le voiſin s'empare des biens de ſon voiſin ; que les Magiſtrats n'écoutent ni les Loix de la Religion, ni celles de la juſtice ; que les peuples divers, étincellant de rage & de fureur, s'exterminent mutuellement par des guerres ſanglantes ; enfin que le viol, l'adultère, le blaſphême & l'impiété arborent leurs

éten-

étendards par toute la terre. Tel sera, Monsieur, le bel & florissant empire que vous érigerez.

O! l'aimable Société, digne sans doute des Loix philosophiques de Mr de Voltaire! O ciel! ô terre! & vous, heureux mortels, dans qui les sentimens de la Religion sont encore profondément gravés, fuïez, fuïez des pieges aussi funestes. Le Prince de l'abîme se sert de ces organes impurs pour proferer le blasphême, & ôter à la Divinité les droits sacrés de la justice & de la miséricorde, Ouï, Monsieur, j'ôse vous le dire: l'Enfer a vomi par votre bouche une doctrine aussi impie? & si vous voulez en convenir, votre cœur vous reproche à chaque instant de se garemens aussi affreux. Des maximes aussi criminelles ne sont-elles pas encore contraires au bonheur de l'homme, à sa destinée, à la bonté de Dieu & à sa justice? Le vrai bonheur consiste ici bas dans une humble dépendance de son Créateur, dans la paix & la tranquilité d'une bonne conscience, dans l'adoration intérieure & extérieure que la créature doit à son Créateur, dans une sage subordination aux Loix de la Providence; mais si l'anéantissement est le partage de l'homme, ne pourra-t-il pas impunément se joüer, & des hommes & de la Divinité? ne pourra-t-il

pas

pas porter l'étendard de la rébellion jusque dans l'empire de Dieu même? S'il n'est point en ce Monde de véritable félicité, ne sera-t-il pas dans l'éternelle incertitude d'y parvenir? la rage & le désespoir ne s'empareront-ils pas bientôt de son cœur? livré à lui-même & à l'impétuosité de ses penchans, ne deviendra-t-il pas un monstre de fureur & d'impiété? Qui pourra contraindre ses desirs effrénés; qui pourra lui procurer cette plisible tranquillité, principe unique de notre félicité? qui pourra le rapeller aux Loix primitives de la sagesse & de l'équité? sera-ce le desir inné de la vertu? Mais pourquoi vivra-t-il sous l'austérité de ses Loix, si tout doit périr avec lui; pourquoi sera-t-il touché de ses attraits, puisque le néant est le seul espoir qu'il peut attendre? pourquoi chercher it-il un bonheur dont il ne pourra jamais se fletter? Au lieu de suivre les sentimens de la Nature, n'en etouffera-t-il pas jusqu'aux plus simples mouvemens? ne regardera-t-il pas son être comme une jeune fleur, qu'un même instant voit éclore & dépérir ne soupirera-t-il pas lui-même après l'affreux néant? Au milieu des misères de la vie, ne portera-t-il pas dans son impatience un glaive meurtrier jusque dans son propre sein? Son cœur aura beau lui dire que sa destinée est

B 4   plus

plus noble qu'il ne pense; que le Créateur ne l'a mis en ce Monde que pour mériter par les vertus une eternelle féllicité dans l'autre; que puisque tous les êtres, qui sont dans la Nature, ne retombent point dans l'anéantissement, il n'y retombera pas lui-même; qu'il n'est pas de la sagesse du Créateur d'avoir gravé dans notre cœur le desir invincible du bonheur, s'il est un être chimérique; que sa possibilité & sa réalité dépendent absolument de celle de Dieu, & que puisqu'il est la source du bonheur, il est certain qu'il en fera d'heureux écoulemens sur les chers objets de ses complaisances: toutes ces grandes vérités lui seront insensibles. Il croira que le néant est son partage, & dans cette fatale croïance il vivra comme l'Impie, mourra comme la brute, sans sentiment, sans repentir, allant éprouver dans le séjour des justices éternelles des tourmens qui ne finiront jamais.

D'ailleurs vous, Monsieur, qui vantez tant dans vos Ouvrages la sagesse & la bonté de Dieu, où les trouveriez vous, si l'homme & la brute n'ont aucun caractére distinctif? Quoi! cette Divinité bienfaisante, qui a répandu dans la Nature tant de charmes si variés; cette Divinité, qui se joüoit, pour ainsi dire, dans la Création, de tant de

Glo-

Globes divers qui roulent au dessus de notre sphére ; cette Divinité, Motrice suprême de tout ce qui respire dans le ciel, sur la terre & dans l'immensité des espaces; cette Divinité, dis-je, auroit créé tant d'astres brillans pour nous éclairer, tant de phénoménes & de merveilles pour un vil atôme qui doit bientôt se perdre dans le néant d'où il a été tiré ? Qui pourroit croire que le génie sublime d'un Mr. de Voltaire put ramper aussi bas que l'insecte & le vermisseau ? Oui, sans doute, vous êtes bien au-dessous de ces petits êtres, qui se conduisent par un instinct qui ne varie jamais; mais vous, loin de suivre les pures lumières de la raison, vous vous livrez à cette présomption de cœur, qui se croit arbitre suprême de toute vérité. Vous n'écoutez que la voix du libertinage; convenez-en de bonne foi, puisque vous pouvez avec moi devoiler sans crainte tous les ressorts de votre cœur.

Le premier mouvement, que vous éprouvâtes, vous inspira-t-il ces sentimens affreux d'impiété ? La Nature ne vous avertissoit-elle pas déjà de la noblesse de votre être? La Religion ne vous paroissoit elle pas encore sainte & respectable ? Cherchâtes-vous alors à en secoüer le joug ? Votre esprit, que la volupté n'avoit point encore

B 5   obscur-

obscurci, ne joüissoit il pas encore d'un rayon vif & lumineux qui vous guidoit vers la sagesse? Aviez-vous déja enfanté ces systêmes horribles qui mettent l'homme au-dessous de bête, qui préférent sa felicité à la nôtre, & qui voudroient qu'un même sort, qu'un même destin nous unît? Avoüez que votre cœur, séduit par les attraits du crime, vous a conduit d'abîme en abîme. D'abord vous vous êtes livré à ces penchans horribles qui font frémir la Religion & la Nature; d'une main profane vous avez corrompu le Sanctuaire de la Divinité. La volupté, aux yeux doux & flatteurs, vous offrit tous ses charmes; vous n'apperçûtes pas le serpent caché sous les fleurs, vous le caressâtes, & bientôt distillant son venin sur toutes les facultés de votre ame, la mort & la contagion s'emparerent de votre esprit & de vos sens. Ouï, je le dis, Monsieur, la volupté seule a dépravé votre cœur. Le remords suivit de près votre crime. Pour l'étouffer, vous cherchâtes quelques adoucissemens. La justice de Dieu s'offrit à vos yeux sous les traits du problême; vous ne pouviez croire qu'un Etre infini dans ses bontés pût châtier infiniment dans sa justice; & dans cette incertitude vous formâtes le dessein de calmer vos remords, en vous livrant à tous les phantômes de l'imal'imagination. Le defir de l'impunité vous rendit impie, & pour vous ôter à vous-même l'idée d'une éternelle vengeance, vous avez fait Dieu trop-grand pour les hommes & les hommes trop petits pour la Divinité Voilà donc la fin où tendent tant de maximes infenfées. Vous voudriez fouftraire à la punition du crime, vous en adouciffeu les horreurs, vous exaltez la bonté de Dieu pour pouvoir détruire les droits de fa juftice; & craignant les terribles effets de celle ci, vous n'afpirez qu'aux douceurs de l'autre: mais malgré vous, la juftice fubfiftera; elle vous pourfuivra jufque dans le fond de votre cœur. Vous y lirez en caractéres ineffaçables ces terribles vérites que vous redoutez vous ne les effacerez jamais, & la mort, dévoilant à vos yeux le féjour de la vérité, vous la connoîtrez malheureufement trop tard.

Examinons maintenant fi jamais aucune Religion établit une égalité parfaite entre l'homme & la brute. Vous êtes fans doute fouvent remonté vers l'antiquité des fiécles; vous avez vû les premiers hommes offrir à la Divinité des facrifices en figne de reconnoiffance & de fidélité. Abel lui offroit les prémices de fes fruits, Enoch commença à lui ériger un Autel, Abraham lui témoigna fa fidélité par des adorations continuelles.

&

& par l'humilité de sa foi, Moïse, le premier & le plus ancien des Législateurs, donna des Loix sages, qui firent connoître à l'homme sa dependance de Dieu & l'hommage qu'il lui devoit; mais s'ils avoient été persuadés de leur parfaite conformité avec les êtres irraisonnables, n'auroient-ils pas agi comme eux? se seroient-ils donné tant de mouvemens, auroient ils fait paroître tant de zèle pour le service du Seigneur, si l'anéantissement eût été leur dogme favori? Les Païens, tout corrompus qu'ils étoient, ont-ils jamais douté un instant de la supériorité de leur être? auroient-ils admis l'Elisée & le Tartare, s'ils n'avoient reconnu une autre vie, où le crime seroit puni, & la vertu recompensée? Que diroient ces grands hommes de l'Antiquité, malgré leur ignorance & leur aveuglement, s'ils voioient un prétendu beau génie, l'oracle prétendu de la Philosophie, se comparer aux vils animaux, envier leur sort & leur destinée? Ne vous regarderoient-ils pas comme l'opprobre du genre humain & comme un esprit pervers, à qui le crime fait desirer l'anéantissement & l'impunité? Parcourez toutes les Religions des peuples policés & civilisés, y trouverez-vous de telles maximes? Le Chinois & l'Indien se sont-ils jamais comparés à l'élél'élephant? Les Aſſyriens, les Perſans, les Romains & les Turcomans n'ont-ils pas puiſé l'idée primitive de leur ſupériorité dans les ſeules lumières naturelles? Toutes les Nations, même ſauvages, ſe ſont elles avilies juſqu'à un tel point? Les peuples les plus barbares auront donc connu la nobleſſe de leur être, & Mr. de Voltaire, ce génie ſi tranſcendant, voudra s'abaiſſer juſqu'à la condition de l'inſecte & du vermiſſeau! A l'aſpect de tant de paradoxes étonnans, ne devez-vous pas être couvert de honte & de confuſion? Votre front ne doit il pas rougir de dégrader ainſi l'humanité? Dévêtes-vous un moment des préjugés & de cet orgueil philoſophique qui vous égare: entrons un moment dans le Sanctuaire de la Religion; remontons aux vrais principes, & pourvû que l'endurciſſement du cœur ne ſoit point à ſon dernier période, vous ſerez convaincu de votre erreur, & la lumière de la vérité luira peut être à vos yeux.

Qu'avez-vous appris dans le culte Chrétien? N'y avez vous pas vû que l'homme eſt fait pour Dieu ſeul; qu'il doit tendre à une félicité plus parfaite que celle de ce Monde; que l'Etre ſouverain ſeroit iujuſte, s'il nous avoit condamnés à toutes les miſeres de cette vie, ſans promettre à la vertu une parfaite

felifélicité dans l'autre; que le defir du bonheur préfent eft un figne certain du bonheur à venir; que fi la vertu avoit le même fort que le vice, il n'y auroit plus de juftice & de vérité ? Eft-il rien de plus conforme à la raifon qu'une doctrine auffi fage ? N'y appercevez-vous pas tous les caractères de la Divinité ? votre cœur n'y adhéret-il pas malgré lui même ? Ouï, fans doute; & malgré toute votre Philofophie, vous êtes fouvent contraint de jetter quelques regards falutaires fur des objets fi effrayans pour vous. Un cœur pur les embrafferoit avec joie; mais l'innocence perdue conduit à l'aveuglement, & l'aveuglement eft le châtiment le plus terrible de l'Impie.

Après que j'eus ainfi parlé, Mr. de Voltaire me regarda d'un grand fang froid. Il prit tout-à-coup la parole, & me dit: Madame, je vois bien que les efprits, que nous regardons comme les plus foibles, font fouvent ceux qui confondent les génies les plus fupérieurs: l'aftre de Vénus, quoique moins brillant par fon éloignement, a des rayons auffi perçans que les feux du foleil. Tant de vérités ne m'ont point échappé, mais le défefpoir de trouver grace auprès de la Divinité, après tous mes vices énormes, m'engage à fermer les yeux à la lumière.

Je

Je vois, je connois, je sens; mon ame desapprouve les maximes que je débite, mais je me complais dans mon erreur. Le plaisir est ma loi, la volupté mon Dieu, & incertain de mon avenir, j'aime à jouir du présent. Adieu, je vais voir un ami, dans l'esperance de profiter encore du plaisir de votre conversation & de vos charmes. Permettez-moi de vous dire un mot, c'est qu'il n'y a qu'un Sexe aimable qui sache allier les plaisirs de la vie avec la croiance des vérités de la Religion. L'Eprit fort ne l'est qu'à demi auprès de vous; & quoique les vérités, que j'ai entendues, soient dures à mon égard, je les écouterai encore avec d'autant plus de plaisir, qu'elles partent d'une bouche aussi charmante que la vôtre.

C'est ainsi que Mr. de Voltaire me quitta. Sur les quatre heures du soir on m'annonça Mr. de Montesquieu, génie charmant, aimable, d'une conversation noble, aisée, agréable, & qui, sans se livrer aux vices de la Nature, passoit pour être entiché de la folie des Esprits forts. Nous en étions tous les deux aux termes de la simple amitié, & quoique mon cœur l'eût préferé à toute l'espèce des Beaux-esprits, je ne voulus prendre aucun soin de l'attirer dans mes chaînes. Sa Philosophie étoit trop austère, & je me souvenois que
Zéno-

Zénocrate avoit été de marbre auprès de Laïs. Je souhaitois un éclaircissement sur certains principes obscurs, répandus dans son admirable Ouvrage de *l'Esprit des Loix*. Je le reçus avec tous les égards du monde, & après un moment d'une conversation assez indifférente, je le priai de m'expliquer certaines maximes que je ne comprenois pas. Il y acquiesça avec toute la politesse d'un galant homme, & nous entrâmes à l'instant en conversation.

Monsieur, lui dis-je, pourrois-je savoir pourquoi vous faites remonter l'Origine des Loix aux besoins de s'unir en société, plutôt qu'à un ordre intérieur de la Divinité, qui vouloit exiger un culte de l'homme, & lui donner par lui-même des Loix de sagesse & d'équité? Pourquoi attribuez-vous la différence des mœurs à la différence des Climats? Pourquoi préferez-vous le Gouvernement Républicain au Gouvernement Monarchique? Pourquoi taxez-vous notre Sexe d'une dissimulation si profonde, que nous sommes impénétrables à nous-mêmes; & pourquoi enfin, en parlant des Ecclésiastiques, attribuez-vous au Corps en général les vices de quelques Particuliers? Madame, me dit il, je vais vous satisfaire avec plaisir, & je ne doute pas que votre esprit ne découvre à l'instant des vérités aussi palpables. Quand j'ai parlé des Loix

en

en général, je n'ai entendu parler que des Loix civiles; c'est à dire de celles qui sont nécessaires pour perfectionner les Sociétés. Je n'ai jamais donné l'exclusion aux Loix divines; la Religion les a gravées dans le fond de nos cœurs, mais outre celles là, il en est d'autres, qui sont de toute nécessité pour maintenir l'ordre dans les Sociétés. Telles sont les Loix du tribut que le Prince ou les Etats exigent, les Loix du Commerce, de la Justice & de l'administration civile. Quand j'ai attribué la différence des mœurs à la variation des Climats, j'ai voulu dire que le tempérament influant sur les mœurs, & les mœurs étant différentes parmi les Nations, la variation des Climats produisoit la différence des mœurs. Les Espagnols, les Américains, les Indiens & toutes les Nations Orientales sont, par exemple, extrêment portées à la volupté. Les peuples du Nord sont naturellement froids, parce que la rigueur du Climat comprime les pores dans les uns, & les ouvre dans les autres. J'ai préféré le Gouvernement Républicain au Monarchique, parce que le Prince, qui a seul le pouvoir en main, est toujours exposé à en abuser, & que l'autorité des Loix, soutenue par plusieurs défenseurs, est toujours plus durable que celle qui dépend de la volonté d'un seul.

Je n'ai jamais prétendu attaquer le Corps des Ecclésiastique en général; je sais qu'il en est qui sont très respectables par les mœurs. J'ai seulement condamné les abus; c'est-à-dire cette foule de Célibataires inutiles, qui pourroient fournir des sujets à l'Etat, & qui, loin de se maintenir dans les règles du devoir font souvent le scandale des Chrétiens & la honte de la Religion. Je sais, Madame, que de vils insectes de la Littérature ont voulu m'attribuer des sentimens impies; mais le croassement des corbeaux n'étouffe point la voix enchanteresse du rossignol. J'ai vû, j'ai refléchi, j'ai écrit, je n'ai desiré que le bien de l'humanité; je permets qu'on attaque mes talens, & non la probité de mon cœur.

Enchantée d'un entretien aussi charmant, je le priai de m'éclaircir sur bien des difficultés qui m'étoient venues au sujet de la Religion. Les voici, telles que je les lui proposai. La Religion Chrétienne est-elle la véritable Religion? Faut-il compter sur la certitude d'un avenir? Y aura-t-il des peines & des recompenses éternelles dans l'autre vie? Le plaisir des sens est-il absolument defendu, & nous perd-t-il éternellement? Dieu seroit il juste de punir par des supplices infinis quelques foiblesses
d'un

d'un moment? Notre ame est-elle un pur esprit, ou une matière pensante? Peut-on contester à la Divinité le pouvoir d'accorder l'intelligence à la matière? Comment les esprits pourront-ils exister indépendamment des corps? Qu'est-ce qu'un esprit créé? Quelle image peut-on se former de la Divinité, & enfin pouvons-nous concevoir la nature de son être & celle des esprits? Ah! Madame, me dit Mr. de Montesquieu, tout ce que vous me proposez, est presque au-dessus de la sphère de la raison; l'esprit de l'homme est trop borné pour pénétrer l'infini, & quelque étendue de lumière qu'il puisse avoir, il n'appercevra jamais que les bords de l'abîme, sans pénétrer jusqu'au fond. Cependant, pour ne pas vous désobliger, permettez-moi de vous faire part de quelques réflexions que j'ai faites sur ces divers objets. La Religion Chrétienne est la seule véritable; en voici la preuve en peu de mots. L'Etre suprême ne sauroit, sans blesser les droits de sa justice, autoriser l'imposture, en confirmant de faux Miracles, opérés en son nom. Cependant si J. C. eût été un Imposteur, Dieu auroit été lui-même l'auteur de l'imposture, en contribuant à la réalité des Miracles du Législateur des Chrétiens. Il en a opérés de véritables, il les a opérés

pour

pour confirmer sa Divinité. L'Etre suprême a concouru à leur opération, il les a donc approuvés, il ne nous a donc point trompés. Jesus-Christ est Dieu, & c'est pousser la témérité jusqu'à l'irréligion, que d'ôser contester d'aussi grandes vérités. Le vrai Philosophe, qui voit d'un œil impartial l'enchaînement des principes, qui s'éleve un peu jusque dans le Sein de la Divinité, y apperçoit des phénomènes inconnus au Vulgaire. Combien de prétendus Philosophes ne se sont pas égarés pour avoir plutôt consulté l'imagination que la raison? Le vrai Sage ne se contente pas de parcourir legérement les matières, il refléchit, il approfondit, il rapproche les conséquences des principes, & après avoir mûrement posé, il n'ôse encore, qu'en tremblant, porter un jugement sur d'aussi sublimes Mystères.

Quant à la Révelation, je crois qu'il est très sensé de la croire, & que les preuves en sont suffisantes. Pourquoi? c'est qu'il répugne à la raison que Dieu ait laissé l'homme abandonné à lui-même; qu'il ne se soit jamais manifesté en aucune manière à sa créature, & qu'il l'ait, pour ainsi dire, abandonnée, comme des Tartares abandonneroient un ennemi au milieu des déserts. Il a donné des Loix à l'homme; c'est un

fait

fait incontestable. Il n'a pû les donner que par lui-même, ou par les organes de ses Ministres; & de quelque façon qu'il les ait imposées, il n'en est pas moins vrai qu'il s'est manifesté à l'homme, soit médiatement, ou immédiatement. Les libertins crient tant contre les Miracles de toutes les Religions, & il est vrai qu'il y en a eu de faux, ou plutôt qu'il y a eu des impostures; mais il est prouvé incontestablement que les Miracles de Jesus-Christ ne sont pas de cette nature. Apollonius de Thiane, Mahomet, & tant d'autres en ont supposés; ils se sont servis d'industrie & de fourberie pour devenir auteurs d'une Religion; mais je le dis encore, il n'y a que des esprits foibles, bornés, ou corrompus, qui puissent contester à J. C. la réalité de ses Miracles. Pourquoi ? c'est qu'ici le pouvoir de la Divinité s'est manifestement déclaré. Ils avoient été prédits plusieurs siécles auparavant; & si on veut contester leur prédiction, je dis encore ce que j'ai déjà avancé, que Dieu n'autorise point l'imposture, & que cependant il en seroit l'Auteur, si J. C. n'eût point été Dieu, en opérant de vrais Miracles. Je ne veux point entrer dans les autres preuves de la Religion; celleci est incontestable; & quiconque se refuse à la première évidence, n'acquiescera point à la seconde. Cet-

Cette même Religion nous dit encore qu'il y a un avenir, & rien n'est plus certain Dieu est juste; il ne laisse point le crime impuni. Il n'est cependant pas toujours puni en ce Monde; il le sera certainement dans l'autre. Il est donc un avenir, où le crime sera puni & la vertu recompensée. D'ailleurs nous ne risquons rien à le croire, & nous harzardons tout d'en douter. D'un côté je suppose à l'heure de la mort un vieux libertin, prêt à exhaler son ame; de l'autre un homme juste qui a eu en partage les plus affreuses tribulations. L'Impie doit être dans le désespoir, parce que de quelque coté qu'il tourne ses regards, il n'a aucune esperance; elle est toute fondée, ou sur le néant, ou sur des peines infinies. L'homme juste au contraire n'a rien à craindre; ses peines sont passées. S'il y a un avenir, il aspire au parfait bonheur; s'il n'y en a point, il ne peut retomber que dans le néant. Voilà Madame, ce que je pense sur la Religion & l'avenir. Pour ce qui est des peines & des recompenses éternelles dans l'autre vie, hélas! Madame, la Religion me l'enseigne; mais l'esprit de Philosophie moderne voudroit en faire un problême. Je sais que si le bonheur est sans fin, le châtiment doit l'être aussi. Je sais qu'un Prince de la terre punit de

mort;

mort; supplice qui peut être en quelque façon regardé comme une peine éternelle, sans blesser les droits de sa justice. Je sais qu'il doit y avoir une égalité entre la peine & la recompense, l'offense & l'objet offensé; cependant, Madame, vous le dirai-je? mon cœur & mon esprit ont de la peine d'adopter une vérité si dure: c'est à vous, Madame, à qui j'en confie les sentimens. Il ne seroit pas à propos que les peuples crussent simplement des peines passagères; on commettroit le crime trop impunément; il faut à des esclaves plus de menaces que de châtimens: mais tirons le rideau sur une vérité qui fait frémir la Nature, & qui doit bien encourager l'homme à la pratique de la vertu.

Vous me demandez encore si les plaisirs des sens sont absolument défendus. Si vous entendez par les plaisirs des sens, la volupté grossière & les autres excès, de quelque nature qu'ils soient, ils le sont sans doute, & tout honnête homme doit rougir de s'y livrer. Il y en a d'innocens, d'autres un peu plus susceptibles de reproche; mais tout est pur à l'homme pur, & Dieu nous a permis d'user modérément de ses créatures. La volupté, qui n'est pas fondée sur des vûes légitimes, ou sur un Contract civil, abrutit l'homme & dégrade la noblesse de son être. Laissons

aux

aux animaux la brutalité de leur instinct, & jouissons pour nous des heureuses qualités de l'esprit. La foiblesse est un mal, mais elle n'est point impardonnable. Le repentir efface le crime, la seule impenitence attire le châtiment.

Vous desirez encore de savoir si notre ame est un pur esprit, ou si Dieu peut accorder à la matière la faculté de penser. C'est ici, Madame, où l'imagination s'égare & se confond. Pour résoudre ces deux questions, autant que l'esprit humain peut le permettre, remontons un instant à l'essence de la Divinité. Il est démontré que Dieu est un pur Esprit, c'est-à-dire une substance infinie, plus éloignée de la matière, que la matière ne l'est du neant; une substance qui ne se connoît que par des attributs invisibles; par une force motrice qui agit sur tout, & sur qui rien ne peut agir; par une puissance d'opération qui ne se connoît que par des effets admirables; une substance enfin qui est par-tout, & qui n'est en même tems en aucun lieu. Or telle est proportionnellement la nature des esprits. Ils sont une émanation de cet Esprit universel, l'ame de toute la Nature. L'ame de l'homme n'a point à la vérité des connoissances si étendues: elle ne voit point dans le fond des êtres, comme la Divinité; elle n'en apper-

apperçoit point toutes les propriétés, & ce n'est que par de profondes réflexions qu'elle peut parvenir à la connoissance de certaines vérités.

Cependant elle participe en quelque manière à la nature de Dieu. Elle a l'intelligence en partage; la pensée, c'est-à-dire que la faculté de percevoir certains objets, sans l'entremise des sens, lui est propre. Elle connoît la justice, la vérité, la charité & tant d'autres qualités qui ne sont que des attributs de l'esprit. Or je dis que la matière est absolument incapable de toutes ces opérations. En voici la raison. Si la matière pouvoit penser, il ne répugneroit pas à la raison que Dieu fût un Etre composé, puisque l'intelligence, quoique dans une plus grande perfection, est le propre de Dieu, comme de l'homme. Cependant il seroit absurde de dire que Dieu participe à la matière; il l'est donc également que la matière soit le principe de nos pensées. Je m'explique plus clairement. Si la matière pouvoit penser, Dieu pourroit être matière, puisqu'il est le principe de toute pensée & de toute intelligence; mais cela répugne aux plus claires notions, parce que la matière ne peut être infinie. De quelque vaste étendue que vous la supposiez, il y aura toujours un point qui la terminera. Or Dieu est un Etre infini; il est donc

donc pur Esprit. La matière en lui n'est donc point susceptible de pensée, & comme notre ame participe à la nature de son intelligence, elle ne sauroit être matière, puisqu'elle puise dans la source de la Divinité ses perceptions & ses pensees. Dieu ne sauroit par conséquent accorder à la matière la faculté de penser; donc notre ame est un pur esprit. De là il suit nécessairement qu'elle peut exister indépendamment des corps, puisqu'elle est une substance parfaitement distincte de la matière, & quoiqu'elle ne puisse pas se former une image parfaite de la Divinité, elle apperçoit du moins par la nature de ses opérations quelle est la nature de Dieu même.

Telles sont, Madame, les réflexions que j'ai faites sur ces divers objets. Je n'ignore pas qu'ils sont extrêmement abstraits, & qu'un chacun ne sauroit pénétrer dans ces grandes vérités; cependant avec un peu de réflexion, je suis convaincu que tout homme raisonnable en sentira la force. Je ne doute pas, Madame, qu'un esprit, aussi éclairé que le vôtre, n'ait saisi à l'instant ce que je viens de vous dire. D'ailleurs, l'imagination se perd dans l'immensité de ces espaces. Nos raisonnemens ne peuvent être que fort bornés, & la foi doit suppléer à ce qui manque aux efforts de la raison.

Mr.

Mr. de Voltaire m'avoit promis de revenir sur les six heures du soir; il entra précisément comme Mr. de Montesquieu alloit sortir. Madame, me dit-il, je vous ai quittée avec regret; je vous revois avec plaisir. Je viens jouïr encore un instant de votre conversation & de votre aimable présence. Sans doute j'aurois pû profiter beaucoup des savans entretiens que vous venez d'avoir avec un aussi grand homme que Monsieur. Son génie est supérieur aux autres, & si je ne craignois de blesser sa modestie, je le supplierois de me permettre d'admirer les charmes de son esprit & du vôtre. Mr. de Montesquieu le remercia d'un compliment si flatteur, & un instant après, il prit congé de nous. Son départ me fit un peu de peine; cependant dans les circonstances présentes je n'en fus pas absolument fâchée, parce que je desirois de continuer mes entretiens avec Mr. de Voltaire, le ramener, s'il étoit possible, aux principes Orthodoxes, lui faire voir les vices de son cœur & de son esprit, le rappeller à lui-même, & avoir l'avantage de faire rentrer dans la vérité un génie aussi élevé que le sien. Nous entrâmes dans un petit cabinet, où, après nous être assis, je le priai de m'exposer tout ce qu'il pensoit en matière de Religion, de Philosophie & de

Gou-

Gouvernement Je veux, lui dis-je, vous confondre, & avoir la gloire de détruire cette foule de sophismes dont vous appuyez votre incrédulité; je veux vous demander pourquoi vous, qui avez tant prêché l'honête homme, n'en avez pas toujours conservé le caractère. On se plaint de tous côtés de votre conduite

Avant d'entrer en matière, je veux vous rappeller quelques traits de votre vie passée, peu dignes d'un esprit comme le vôtre. Ensuite je réfuterai votre systême d'incrédulité. Vous devez sans doute vous souvenir que vous fûtes mis à la Bastille pour avoir fait des Vers infames contre le Prince & le Gouvernement; cependant en faveur de votre jeunesse, on voulut bien vous faire grâce. Vous parûtes justifié; mais vous n'en étiez pas moins coupable. On vous mit à portée de fréquenter certaines Compagnies respectables, que vous deshonorâtes par votre libertinage & l'irrégularité de vos mœurs. On vous pardonna bien des fois, mais à la fin ne pouvant supporter un esprit aussi pervers, il vous souvient que vous fûtes chassé comme un misérable. Vous vous renfermâtes dans un cercle de génies aussi corrompus que le vôtre; vous devîntes le coriphée de l'impiété, & peut-être auroit-on fermé les yeux

sur

sur des égaremens aussi affreux, si vous n'aviez arboré à découvert l'étendard de l'irréligion, de la calomnie & des satyres les plus infâmes. Votre esprit remuant ne put se tenir en repos. Vous ne pouviez souffrir que les honnêtes gens vous reprochassent votre conduite, & pour vous venger d'un censeur salutaire que vous connissiez bien, vous fîtes une satyre sanglante contre lui. D'abord on ignora son Auteur, mais bientôt votre imprudence vous fit découvrir. Rappellez-vous qu'on vous avertit secrettement de prendre garde à vos épaules, & que si vous ne faisiez une rétractation authentique, les coups de bâton pleuvroient comme la grêle sur vos épaules. Vous vous moquâtes d'un pareil avertissement, & vous le payâtes bien cher. Vous vous souvenez sans doute qu'en sortant du Café de Procope, une main rude & ferme frappoit à coups redoublés sur votre corps. On vous étendit par terre, & sans le secours de quelques personnes charitables, vous eussiez couru grand risque de terminer par un sort funeste une vie que vous aviez si fort deshonorée.

Cet avertissement passager vous rendit sage pour quelque tems. Vous fîtes votre rétractation, & on espéroit de vous à l'avenir une conduite aussi régulière qu'elle avoit été

scan-

scandaleuse ; point du tout. Dites moi, Monsieur, quel fut le motif qui vous engagea à composer tout un sotisier contre une personne qui avoit été la cause de votre réputation & de votre avancement ? N'étoit-ce pas avoir un cœur bien perfide, que de payer des bienfaits par des calomnies ? Où aviez-vous puisé cette noirceur de l'esprit ? Il n'y a qu'un Démon sous la forme d'un mortel qui puisse commettre de pareilles infamies. Vous vous en êtes repenti plus d'une fois, je n'en doute pas, parce que la peur, que vous eûtes, vous fit faire des réflexions bien sérieuses. Vous savez qu'un jour à huit heures du matin, un grand homme sec & d'un teint livide entra dans votre chambre le pistolet à la main. Il tira sur vous ; mais heureusement il vous manqua. Vous vous prosternâtes à genoux, & le conjurâtes, les larmes aux yeux, que si c'étoit un ennemi que vous eussiez offensé, vous étiez prêt à faire la réparation la plus authentique. ,, Monsieur, vous dit-on, ce n'est point un
,, ennemi ; c'est un Bienfaiteur, dont vous
,, avez déchiré la réputation, qui se venge
,, de vos insolences. Ingrat, que vous êtes !
,, comment avez-vous pu porter la témérité
,, jusqu'à calomnier un homme de probité qui
,, vous a toujours reçu dans sa maison avec
,, une

„ une distinction que vous ne méritiez pas.
„ Sa table vous a toujours été offerte, il a
„ daigné vivre avec vous dans la plus intime
„ familiarité, sa bourse ne vous a jamais été
„ fermée, il vous a introduit dans les plus
„ brillantes Compagnies, & pour prix de
„ tant de bienfaits, vous le deshonorez,
„ vous le faites passer dans le Monde pour
„ un caractère ridicule, qui mériteroit d'être
„ le sujet d'une Comédie. Allons, Monsieur,
„ suivez-moi, ou disposez-vous à mourir sur
„ le champ". Vous le suivîtes tout consterné. Quand vous fûtes chez lui, on vous mit, comme à un criminel, la corde au cou; on vous menaçoit à chaque instant de vous pendre. La peur vous avoit rendu comme un stupide: vous demandâtes grace à genoux; on se contenta d'appliquer sur vos fesses quelques centaines de bons de coups de foüet, & vous sortîtes, le derrière tout déchiré. Dites-moi, Monsieur, quel lénitif vous y fîtes appliquer. Si vous avez honte de me le dire, je vais le faire moi-même. Vous fîtes appeller le Chirurgien Mr. * * *, & comme vous n'osiez pas lui déclarer la scène qui vous étoit arrivée, vous vous contentâtes de lui dire que des hémorroïdes douloureuses avoient fait sortir des vos fesses

des

des pustules enflammées, qu'il falloit adoucir. On y appliqua du beaume balsamique, & vous revîntes bientôt en santé.

Loin de rentrer en vous-même, vous vous proposâtes une nouvelle vengeance; mais un ami, qui compatissoit encore à vos foiblesses, vous en fit voir les dangereuses conséquences, & vous fîtes très prudemment de vous en abstenir. Ce n'est pas encore tout. Dites-moi ce qui vous arriva dans le B. de la rue des Bucheries. Que de frayeurs & de saisissemens n'éprouvâtes-vous pas? Combien de fois crûtes-vous toucher au dernier moment de votre vie? combien de fois ne dites-vous pas en vous-même ces paroles: *Gustans gustavi paululum mellis, en ecce morior?* Quatre mains fortes & nerveuses vous attachèrent sur une table. On voulut vous clouer les pieds & les mains, on étoit prêt à vous faire l'opération *Origenienne*. Vous offrîtes cinquante louis; on les accepta, & vous vous crûtes bien heureux de sauver votre vie aux dépens de votre bourse. Comment un homme d'esprit pouvoit-il s'avilir ainsi? Le dernier des Crocheteurs n'auroit-il pas rougi d'une pareille conduite? Vous n'en de-

devîntes cependant pas plus sage. Quand une fois le cœur est corrompu, il n'est point d'excès auxquels il ne se livre. Il va d'abîmes en abîmes, & il n'est aucune Loi sacrée qu'il respecte. Il ressemble au lion en fureur, il déchire tout ce qui s'offre à lui; il ne respire que le crime, & devient le repaire affreux des forfaits les plus noirs. Voici un trait, qu'on m'a raconté, bien digne d'un cœur comme le vôtre. Un Auteur d'une aussi grande réputation que la vôtre, d'un génie & d'un mérite plus distingué, vous apporta un Manuscrit pour profiter de vos jugemens & de vos lumières. Vous le priâtes de le laisser l'espace de vingt-quatre heures; il y consentit avec plaisir, ne se doutant nullement de la friponnerie que vous aviez dessein de lui faire. A peine fut il sorti, que vous l'examinâtes avec attention. Vous le trouvâtes extrêmement bien travaillé & digne de votre plume. Après avoir résolu de vous l'approprier, vous commandâtes à un de vos domestiques de sortir de chez vous : vous ne lui payâtes que ses gages à moitié, & il sortit fort mécontent. Le lendemain Mr. de **** revint chercher son Manuscrit. Dès qu'il fut entré

D dans

dars votre chambre, vous vous écriâtes comme une personne extrêmement affligée: „Ah! Monsieur, je suis au désespoir. Vous me fites hier la grace de me confier votre Manuscrit; un coquin de valet vient de me le dérober. Il est parti secrettement de la maison, & je fais courir de tous côtés après lui. En vérité, Monsieur, j'en suis dans le dernier chagrin. Je ferai poursuivre le fripon en quelque lieu qu'il soit, & vous pouvez être assûré que je vous remettrai le Ms. ou que je vous dédommagerai de la perte que vous venez de faire". Vous savez combien Mr. de **** fut affligé de ce prétendu malheur. Il s'en alla fort triste, pestant contre Mr. de Voltaire & son supposé voleur domestique. Vous fites secrettement imprimer l'Ouvrage dans une Ville éloignée, vous en retirâtes plus de deux cens louis, & c'est ainsi que vous devîntes propriétaire d'un bien qui ne vous appartenoit pas. Mr. de **** apprit, quelque tems après, que son Ms. venoit d'être imprimé. Il fit une perquisition chez tous les Imprimeurs de Paris, mais ce fut en vain. Il ne se contenta pas de cela, il fut trouver Mr. Berrier, qui étoit alors Lieutenant

de

de Police, le supplia de vouloir bien mettre ses espions en campagne pour découvrir votre domestique. On n'eut pas beaucoup de peine à le découvrir; il n'étoit point caché, parce qu'il n'étoit pas coupable. On le conduisit dans les prisons du petit Châtelet, & fut interrogé juridiquement en votre présence. Vous eûtes le front d'assister à l'examen. Il fut prouvé que loin de s'être évadé secrettement, vous lui aviez donné son congé; on eut de fortes présomptions contre vous, & on fut convaincu de la verité, en écrivant à l'Imprimeur de cet Ouvrage. Celui-ci répondit que vous lui aviez vendu ce MS. deux cens louis. Mr. Berrier voulut procéder criminellement contre vous ; mais l'Auteur du MS. vous fit obtenir grace; tellement que vous en fûtes quitte pour une bonne mercuriale, & pour deux cens cinquante louis que vous fûtes contraint de débourser. Voilà, Monsieur, de vos infamies. Ne croiez pas, que mon dessein soit ici de vous faire insulte; non, vous connoissez mon cœur; & l'estime particulière, que j'ai pour vous, malgré vos défauts, doit vous convaincre de la pureté de mon intention. Je veux seulement vous faire

D 2 sen-

sentir qu'il ne convient point de prêcher l'honnête homme quand on ne l'est pas soi-même; c'est dégrader le caractère de la probité que de l'exalter par son esprit, & de la détruire par ses mœurs. Quand d'une main habile, d'un pinceau vif & délicat vous peignez si bien les mérites de la vertu, le bonheur qu'elle procure à ceux qui l'exercent, & la satisfaction intérieure qu'elle fait sentir dans sa pratique, ne seroit-on pas presque tenté de croire que vous êtes un Saint du premier ordre? mais quand on vient au détail de vos mœurs, quel problême à résoudre? Quoi! dit-on, est-il possible qu'un homme, qui peint si bien la vertu, ne la connoisse pas lui-même? Le cœur peut-il ainsi démentir l'esprit? N'est-ce pas tromper le genre humain, que de prétendre le rappeller à la vertu, & de se livrer soi-même aux démarches les plus criminelles? Répondez-moi, Monsieur, est-il pour vous quelque moïen de justification, & ne méritez-vous pas le blâme de tous les honnêtes gens? Ne distinguent-ils pas deux Voltaires en ce Monde; l'un, qui dans ses peintures de la Divinité nous transporte, pour ainsi dire, jusque dans son sein; & l'autre,

qui

qui par l'irrégularité de ses mœurs se rabaisse au-dessous du plus vil des mortels?

Qu'exigez-vous de moi, Madame, me dit alors Mr. de Voltaire? Vous demandez peut être un innocent, & vous cherchez un coupable. Si pour être criminel, il suffisoit d'être accusé, quelqu'un pourroit il se flatter d'être juste? Il est vrai, mon esprit n'a pas toujours été d'accord avec mon cœur; j'ai dit ce que je n'ai pas fait. Ma conduite, je le veux encore, a été très irrégulière; mais ignorez-vous, Madame, que mes ennemis m'aient autant noirci par leurs calomnies, que je me suis fait tort par ma mauvaise conduite? Que de faussetés n'a-t-on pas publié contre moi, que d'envieux de ma réputation n'ont pas soulevé contre moi le Ciel & l'Enfer, que d'injures n'a-t-on pas vomi contre moi? Je ne prétends pas me justifier entièrement; je sais que je n'aurois pas dû donner prise à mes ennemis; mais ils m'ont aussi poursuivi trop vivement. Ecoutez, Madame, ôserois-je vous le dire? dévinez l'énigme: j'ai été tout ce qu'on a voulu, je n'ai rien été de ce qu'on m'a cru. Je suis impénétrable a moi-même,

D 3   j'ai

j'ai suivi les torrens de mon esprit & ceux de mon cœur; j'ai tantôt été sage, tantôt libertin, selon les fougues de mon imagination. Le vil intérêt, cet affreux tyran des ames, contre qui j'ai tant crié, fut toujours mon vice dominant. J'ai aimé la débauche par gout, la vertu par idée, & si mes ennemis ont quelque tort, je n'ai pas tout-à-fait raison. Cependant Madame, vous ne diriez pas que je prends un plaisir singulier à fronder le genre humain. J'aime à entendre de votre bouche des vérités, que je ne pourrois souffrir dans toute autre, & pour que je sache jusqu'où la malice de mes ennemis peut se porter, faites-moi le plaisir de me raconter encore tout le mal qu'on dit de moi. Vous me comparerez sans doute à Néron, qui ne se sentoit jamais plus flatté, que quand on lui rappelloit ses plus énormes forfaits. N'importe, j'aurai toujours la satisfaction d'apprendre tout ce qu'on dit de moi dans le monde. Il y a du vrai, il y a du faux, & ce contraste me mettra à portée de juger des hommes & de moi-même. Ma réputation, quoique semblable à celle de celui qui mit le feu au Temple d'Ephèse, n'en ira pas moins jusqu'à la postérité;

je

je serai aussi célebre par mon esprit que par mes erreurs, & je serai content, pourvû que mon nom vive, de quelque manière que ce soit, dans la mémoire des hommes.

En vérité, Monsieur, lui dis je, ces sentimens ne me paroissent guères dignes d'un esprit aussi éclairé que le vôtre. Quoi! un phantôme de renom sera capable de vous faire renoncer à tout ce que vous devez à Dieu, à vous-même & aux hommes? Vous préferez une vaine gloire, un honneur stérile au plus précieux de tous les biens? La réputation d'honnête homme ne vaut-elle pas mieux que celle d'un Bel-esprit libertin? Voiez comme la postérité a traité vos confrères, ces Auteurs qui sont morts flétris de l'ignominie du libertinage; voiez quel jugement elle porte à présent de ces Ecrits impies qui ont répandu par-tout la licence & l'impiété; de qui méritent-ils à présent l'estime & la considération? Est-ce de ces personnes sages, qui joignent à une profonde Philosophie l'amour de la Religion & la gloire de la sagesse? est-ce de ces génies supérieurs, qui sont d'autant plus éclairés qu'ils n'ont puisé leurs lumières que dans le sein de la la vérité suprême ? est ce encore de ces ames innocentes, que le goût épuré de la vertu a toujours conservées sans tâche ? Non, Monsieur, on ne les regarde que comme des esprits superbes & orgueilleux, qu'une débauche effrénée a entraînés dans des maximes impies; qui, pour se cacher aux hommes & à eux-mêmes leurs affreux débordemens, n'ont eu d'autre parti à prendre que de les couvrir d'une gaze legere, d'inventer des sophismes spécieux pour les justifier du moins en apparence, & de croire qu'il n'est point de Dieu vengeur, parce qu'il ne punit pas toujours en ce Monde. Voyez encore quel genre d'estime on accorde à un Debarraux, à un Spinosa, à un d'Argens, à un Hobbes, à un Collins, à un Grécourt, à un Piron, à un la Metterie, Toussaints, Helvetius, & à leur savoir ; mais quelle horreur n'a-t-on pas de leurs mœurs corrompues ? Ne les regarde-t-on pas comme des pestes de la Société, comme des fléaux horribles que l'Enfer répand sur la terre pour exhaler le venin de l'impiété ? Si du moins à leurs grands talens ils avoient uni la sagesse & la probité, on les regarderoit comme les oracles de la terre. Eh ! ne vaut-il pas mieux

mé-

mériter l'estime d'un petit nombre d'hommes de probité, que celle d'une foule d'insensés, dont on ne se souviendra plus que pour en concevoir une éternelle horreur? Le nom des vrais Sages vit à jamais : c'est leur souvenir que vous devez envier; & se proposer tout autre fin, c'est vouloir fonder un bâtiment solide sur l'aîle fragile des vents.

De quelle réputation jouissez-vous maintenant dans le Monde? N'entends-je pas dire de tous côtés: Monsieur de Voltaire a beaucoup d'esprit; mais c'est un grand Libertin! c'est dommage! S'il avoit consacré ses talens au service de la Religion & de l'humanité, comme il les a consacrés à la dépravation des mœurs, il seroit presque adoré? Voilà, Monsieur, ce qu'on dit de vous dans le Monde, mais ce n'est pas encore tout. Vous m'avez prié de vous rapporter ce qu'on pense de toutes vos démarches suspectes; je vais vous en rendre compte. On dit qu'à Luneville, où réside la Cour du Roi de Pologne, vous parlâtes en termes peu décens d'une femme fort respectable. Mr. son mari fut vous trouver, & vous demanda pourquoi votre verve satyrique s'étoit exercée si impu-
dem-

demment sur une personne dont la conduite étoit irréprochable. Vous n'eûtes que de très mauvaises raisons à donner, ou plutôt vous fûtes couvert de honte & de confusion. On vous régala de quelques bons coups de canne, & vous vous retirâtes à votre auberge, tout consterné. Vous deviez avoir l'honneur de dîner chez le Prince; mais vous fîtes très sagement de prétexter une indisposition.

Quel orgueil ne vous reproche-t-on pas encore de vous être fait prôner dans les Gazettes à force d'argent? On dit que vous y faisiez mettre: *Le célebre Mr. de Voltaire est parti d'un tel endroit, & est arrivé à tel autre. Toute la Ville l'a reçu avec les plus grands applaudissements. Il est le plus grand homme de son siècle; ses Ouvrages font l'admiration de l'Univers*, On croiroit que le Gazetier rendoit de lui-même justice à votre mérite, tandis que vous ne l'obteniez qu'à prix d'argent. Quelle bassesse & quelle présomption! Un galant homme n'auroit dû devoir sa réputation qu'à son seul génie: le vrai talent se fait toujours connaître, mais en agissant ainsi, vous aviez bien sans doute votre dessein. La vente de vos Ouvrages étoit plus complette; vous en retiriez

LA LAÏS PHILOSOPHE. 59

riez des sommes considérables ; & comme l'intérêt vous a toujours dominé, vous ne cherchiez qu'à remplir votre bourse, & non à vous faire une réputation d'honnête homme. Pourquoi, par exemple, faire mettre dans la Gazette que vous étiez arrivé un tel jour à Potsdam ; que le Roi de Prusse & toute sa Cour vous avoient reçu avec la plus grande distinction, tandis que vous étiez encore dans les bois de Westphalie, où votre chaise s'étoit brisée. Il vous plut d'insulter quelques païsans, & ils vous étrillerent à merveille.

On dit encore que vous avez trompé & volé presque tous les Libraires de France & de Hollande. Vous vous souvenez sans doute de ce pauvre Levier, que vous avez friponné avec tant de bassesse. Vous lui apportâtes votre Manuscrit de la *Henriade*, il le reçut. Vous convîntes de prix, vous l'engageâtes dans des frais exorbitans de papier, caractères neufs & belles Estampes. Fâché ensuite de l'avoir livré, selon vous, à un prix trop modique, vous fûtes chez lui, sous prétexte de faire quelques corrections. Vous emportâtes le MS. furtivement, & le fîtes imprimer en Angleterre. Qu'en arriva-t-il ? Le

Librai-

Libraire fut presque entiérement ruiné. Quelle ignominie, quelle honte pour un homme qui s'est tant vanté de gratifier ses Libraires de ses Ouvrages ! Mr. ***, Libraire de la Haye, homme de la plus exacte probité, se souvient encore du tour que vous avez voulu lui joüer; mais il ne fut pas votre duppe. Votre *Anti-Machiavel* étoit en bonnes mains ; vous eûtes beau supplier & vous mettre à genoux devant lui, vous n'y gagnâtes rien, que la leçon *de devenir honnête homme, si vous vouliez le tromper.* Il n'est aucun de vos Libraires qui ne peste contre vous, & ils vous regardent comme l'exécration du genre humain.

Dites-moi, Monsieur, pourquoi avez-vous été chassé de presque tous les Roïaumes ? Le Roi de Prusse vous honoroit de sa confiance, vous combloit de ses faveurs. Pour le remercier de l'accommodement qu'il avoit voulu faire entre vous & Mr. de Maupertuis que vous aviez maltraité, vous avez emporté des papiers de conséquence. Eh ! qui voudroit d'un caractère comme le vôtre ? Ne vaudroit-il pas mieux vous reléguer parmi les Oursimanes & les Singimanes ? Que faites-vous parmi des Nations policées

&

& civilisées, qui suivent les loix de l'honneur & de la probité? Elles ont toutes été témoins de vos perfidies, elles vous ont abhorré dès l'instant qu'elles vous ont connu. Votre impiété vous y rend l'objet de l'exécration de tous les honnêtes gens.

Pouvez-vous bien vous flatter d'avoir des amis, & fûtes-vous jamais capable de vous attirer l'estime de personne? N'avez vous pas trompé tous ceux qui ont voulu avoir quelque liaison avec vous? Ils ont pû avoir quelques égards pour votre esprit; mais n'ont-ils pas tous eu de l'aversion pour votre caractère? Qui voudroit avoir pour ami un homme aussi dangereux que vous? Vos confrères, même les plus libertins, vous détestent; vous les avez tous surpassés en fourberie & en impiété. Je sais que vous prenez la licence de vous faire croire en commerce de lettres avec les plus beaux esprits de l'Europe, & même avec les premières Têtes couronnées; mais on n'est pas dupe de votre orgueil. On n'ignore pas que vous savez vous prodiguer les louanges & les flatteries les plus outrées; on sait que vos porte-feuilles sont remplis de lettres sup-

posées. Je veux même encore bien croire que des gens de génie aient eu assez de bonté pour consuler vos talens; mais, dites-moi, comment avez-vous répondu à leur avance? A peine vous ont ils connu, qu'ils ont cherché à vous éviter. Comme l'araignée, vous ne les avez attirés dans vos filets, que pour vous plonger dans des flots de sang. Capricieux par caractère, inconstant par humeur, vous êtes incapable d'une solide amitié. Votre verve mordante & satyrique vous fait fuir, comme on fuit ces dragons de la Lybie, dont le souffle empesté porte par-tout la mort & la contagion. Avez-vous sû profiter des heureuses dispositions que le Roi de Prusse avoit pour vous? Ne vous êtes-vous pas attiré sa haine aussi tôt que sa bienveillance? Il vous avoit comblé de bienfaits, & pour toute reconnoissance, vous avez fait contre lui les Vers les plus outrageans. Il s'est vengé à son tour, il vous a chassé de ses Etats & vous a justement décrié dans toute l'Europe. Avez-vous pû conserver l'estime de l'aimable ***? au contraire ne vous êtes-vous pas brouillé avec lui de la manière la plus indigne? Son génie supérieur vous faisoit ombrage; &
vo-

votre esprit jaloux n'a pû souffrir un rival, si propre à vous éclipser. Vous avez cherché à le noircir, & le monde littéraire a été un Juge équitable de votre infériorité. En vain vous avez tonné par vos sanglantes satyres; les rieurs n'on pas été de votre coté. Mr. de *** eut la gloire de mériter l'estime de toute l'Europe, & vous fûtes couvert d'opprobre. Le célebre Mr. Rousseau n'avoit il pas encore été un de vos plus intimes amis? mais comment payâtes-vous son amitié? Il n'est point d'infamies que vous ne vomîtes contre lui, & vous poussâtes l'injure jusqu'à l'appeller, *Dogue affamé*, *Chien enragé*. Croiroit-on que des gens d'esprit, qui ne respirent dans leurs Ecrits que les douceurs de la politesse, puissent se déchirer mutuellement avec autant d'indignité?

Mais passons à vos Ecrits impies. Vous ôsez appeller du sérieux quelques sentences alambiquées d'une Morale rebattue, que vous avez semée dans quelques pitoyables Piéces? Pour du badinage & des traits facétieux, on ne doute nullement que votre verve effrénée n'en soit capable. Votre goût décidé pour la volupté vous fait écrire tout ce qu'il y a de
plus

plus obscène. Votre *Epître à Uranie*, votre *Pucelle d'Orléans*, & la *Religion Naturelle* ne nous en ont que trop convaincu ; mais ce qu'il y a de plus insupportable, c'est que vous ôsiez traiter de badinage, un Ouvrage qui ne respire partout que l'incrédulité, qui ose nier les Loix de la providence, la punition du crime & la recompense de la vertu.

Voltaire, tu le sais, ta verve trop impie,
Est le fruit d'un cerveau rongé par la folie,
Tu ne connus jamais nulle Religion :
Consultant de ton cœur l'affreuse passion,
Tu vis sans sentimens, sans Loi, ni sans sagesse ;
  Et dans ta folle yvresse
Arborant l'étendard de l'incrédulité,
Ta bouche n'est l'écho que de l'impiété.

Qui croira encore que la morgue d'Auteur n'ait pas séduit votre amour propre ? On est accoutumé, Monsieur, à ces fictions de votre humilité. On sait que vous avez tout sacrifié pour vous attirer la chimérique réputation d'Auteur ampoulé & d'homme tout à fait extraordinaire. Je veux bien encore que la morgue d'Auteur ait pû ne pas entièrement flatter votre ambition ; mais au moins vous conviendrez :

Que

LA LAÏS PHILOSOPHE.

Que le vil intérêt, ce tyran des humains,
Fut le premier objet qui fixa vos destins.
Oui, prétendant unir Plutus à Melpomene,
Vous avez préferé les trésors de Mécène
Aux charmes de l'esprit, aux qualités d'un cœur
Qui ne veut pour tout bien que la gloire d'Auteur.

Mais votre passion fait votre Loi. Vous êtes assez modeste pour en convenir, & tout le monde le sait. Dites-moi, Voltaire, de quelle nature est cette passion ? est-ce la vraie, la solide gloire que vous avez cherché dans vos travaux ; est-ce le desir de contribuer au honheur de l'humanité, ou à la perfection de la sagesse ; est-ce enfin pour donner à votre nom un lustre qui ne se ternira jamais, ou pour mériter un encens passager ? Avoüez que la vraie gloire ne vous toucha jamais. Votre esprit ne porte point la délicatesse jusqu'à ce point. Si vous en aviez été jaloux, cherchant plutôt la solidité des pensées que quelques traits saillans de l'imagination, vous n'auriez pas mis au jour les grotesques enfans de votre Muse ; vous auriez respecté la Religion, les mœurs & les loix de l'humanité ; vous n'auriez point gâté tant de cœurs, si votre esprit impur n'avoit exhalé dans votre *Pucelle d'Orleans* des infamies qui font fremir la Na-

E

ture. Que de traits impies, que de maximes de la plus sale volupté, que de peintures abominables n'y avez vous pas semé? Les plus débauchés peuvent à peine en souffrir la lecture. Est-ce donc là, Voltaire, le chemin de la vraie gloire? Ne sauroit-on se rendre illustre, si l'on ne profane tout ce que la Religion a de plus sacré? du moins les peuples les plus barbares ont respecté les mœurs; mais un Voltaire ne fait aucun scrupule d'attaquer la Divinité, de déchirer les hommes par sa verve satyrique, & d'étaler dans un jargon rimé les infamies de volupté, qui feroient rugir les animaux les plus féroces. O! la belle gloire, ô! le sublime honneur! Eh! dites-moi, quel est l'esprit corrompu qui ne pût en faire autant? Faut-il un si grand savoir pour exprimer les penchans de son cœur? Ne peut-on pas trouver à la Place Maubert des langues aussi empoisonnées, aussi mordantes, satyriques & luxurieuses que la vôtre? La dernière des Harangères sera plus digne que vous de l'immortalité; un Crocheteur pourra encore vous disputer le pas. On vous fera cet Epitaphe:

Ci-

LA LAÏS PHILOSOPHE. 67

Ci-gît un Bel-esprit, Oracle de la France,
Qui, voulant aspirer à l'immortalité,
    Acquit un savoir immense ;
Mais admirez sa vanité.
Passans, voyez-la confondue ;
Une Harangère, un Crocheteur
Lui disputent un tel honneur,
Et du compas parfait bravant la symétrie,
    Se sont immortalisés par fureur,
    Comme Voltaire par folie.

Voilà, Monsieur, ce qu'on pensera de vous, & la postérité saura vous rendre justice sur des Ecrits qui d'un côté ont fait honneur aux Sciences, & de l'autre les ont déshonorées ; mais afin qu'un jour elle puisse être un juge impartial, il faut l'instruire, & de vos mérites & de vos défauts. Vos Ecrits ont, il est vrai, quelque caractère de grandeur qui d'abord éblouït les yeux ; mais un génie solide, qui vient à les approfondir, quel pitoyable galimathias n'y trouve-t-il pas ?

J'y ai trouvé tant de pitoyable clinquant, tant de paradoxes grotesques, tant de sentimens affreux, que tout m'a révolté, jusqu'à vos idées les plus absurdes. On vous vante comme Poëte, & je veux bien en convenir. Je ne doute pas
    E 2   que

que vous ne vous glorifiez auſſi d'un titre ſi flatteur : mais vous voudrez bien permettre qu'on vous attribue quelques grains de folie; un Poëte, qui ne ſeroit pas fou, ſeroit un monſtre dans la Nature. Quiconque met des entraves à la raiſon, peut mériter ce titre, & ſans vous faire tort, Monſieur, il vous eſt dû plus qu'à aucun autre. Peut-être vous pardonneroit-on encore, ſi vous aſſaiſonniez vos Vers de quelques ſolides penſées; mais preſque par-tout on n'y voit que des mots vuides de ſens. On ſait que vous avez répandu dans le Public certaines Piéces, ſous le nom d'un grand Roi du Nord; mais, je vous le repete encore, on n'eſt plus duppe de vos ſuppoſitions chimériques. On ne croit pas volontiers qu'un Roi, qui a quatre grandes Puiſſances armées contre lui, s'amuſe à ſolatrer ſur l'Hélicon, au préjudice du Dieu Mars. D'ailleurs on y reconnoît votre ſtyle ſéduiſant, mais guindé ſur des échaſſes. Admirez, Voltaire, votre belle Ode à l'Auteur du *Ververt*. Quel pompeux galimathias! il n'y a pas une ſeule once de bon ſens.

Div

Divinité des Vers & des êtres qui penſent,
Du palais des eſprits d'où partent les éclairs,
Du brillant Sanctuaire, où les humains t'encenſent,
 Ecoute mes concerts.

 Quelle ſublimité, quelle énergie! Nouvel Orphée, on croiroit volontiers que vous allez enchanter les Enfers; mais réduiſons ces maigres enfans de la rime à leur juſte valeur; qu'ils vont être humiliés! En vérité je les plains. La pauvre cervelle, qui les a enfantés, avoit ſans doute voiagé dans les régions du délire. *Divinité des Vers & des êtres qui penſent*; quel ton ſublime & flatteur! N'eſt-ce pas comme ſi vous diſiez:

O! Dieu de la folie & des têtes volantes!
Dn creux de vos cerveaux enfantez des éclairs,
Et du brillant palais des étoiles errantes,
 Voltigez dans les airs?

 Vous ne doutez pas, Monſieur, que le Dieu de la folie ne ſoit la Divinité des Vers, & non des êtres qui penſent. Je vous l'ai déjà dit: la rime & la raiſon ont fait dès long-tems un divorce éternel, & le célebre de Monteſquieu ne ſe trompoit pas, en diſant dans ſon *Eſprit des Loix* qu'il falloit être fou, de s'épuiſer pour
ré.

téduire la raison a l'esclavage de la rime. Ouï, vos brillantes epithétes ne font que charger le bon sens de couleurs, qui loin de lui faire prendre un généreux essor, ne font que l'avilir. Si du moins votre poésie étoit étayée de cette force sublime, de cet enchaînement de principes & de conséquences, de raisonnemens suivis & bien liés, de cette forte énergie qui s'attache au réel & néglige le clinquant, on feroit quelqne grace aux monticules d'Esope; mais on n'y trouve presque rien qui satisfasse un esprit solide. Quelques Petits-maîtres à tête éventée, qui croient vous comprendre & vous ignorent; quelques esprits gâtés qui auront puisé chez vous les principes de l'irréligion; quelques personnes foibles, séduites par les attraits de la volupté, pourront bien jetter quelques regards sur des objets qui les flattent; mais malgré ces charmes séducteurs, à peine les esprits bien faits peuvent-ils vous lire un quart d'heure, parce qu'y cherchant de la solidité, de l'instruction, ils n'y trouvent que des futilités, des mensonges, ou des impiétés. Or crie, Voltaire est grand, c'est un sublime Auteur, c'est le Dieu des Poëtes. Tout le monde le dit, nous,

l'en

l'en croions. ,,Ouï, dit un de ses Lec-
,, teurs, dont je viens de parler; oui, je l'ai
,, lû, je l'ai admiré, j'ai parlé, je me
,, suis tû; mais enfin j'ai baillé & je me
,, suis endormi"

Quant à vos Piéces de Poésie, vous y entassez souvent Ossa sur Pelion. Quelle idée, par exemple, plus grotesque que de faire peupler la mer, la terre & les airs par la Divinité de Vers? N'est-ce pas se moquer de toutes les personnes de génie, que de leur offrir des images aussi fausses? La Poésie, il est vrai, colore la Nature, l'embellit par des peintures riantes; mais est-elle la mere productrice des êtres animés? Quelle sublime image : *La main peupla la mer, l'air, la terre & les cieux !* la main de la Divinité des Vers a peuplé l'Univers. Voilà, Voltaire, tout ce que signifie votre sublime pensée. Qu'elle est belle, qu'elle est expressive! O! que vous êtes sublime ! Non, jamais ni l'Ariofte, ni le Tasse, ni le Camoens, ni le Tresson n'ont rien peint avec tant de forces & d'énergie. *Pallas te doit l'é- gide, & Vénus sa ceinture ; tu créas tous le Dieux.* Pensée encore fausse, & qui fait voir qu'un Poëte n'est guères juste. N'avez-vous pas appris que l'égide de Pal-

las

las étoit le signe & le gage de la sagesse? mais quelle connexion entre la sagesse & la Divinité des Vers? Ne voudriez-vous pas dire que les Poëtes sont des enfans de la sagesse; qu'ils sont tous couverts de l'égide de Pallas, & jamais entourés de la ceinture de Vénus; *Pallas te doit l'égide, & Vénus sa ceinture.* Non, Voltaire, jamais la folie de faire des Vers n'a fait aucun Sage, & tout Poëte est presque toujours fou, ou libertin. Pour la ceinture de Vénus, je l'accorde volontiers à la Divinité des Vers: elle est voluptueuse comme elle, elle enfanta des Dieux voluptueux, ou plutôt des monstres d'impureté, que la superstition & le fanatisme érigerent en Divinités. Ainsi tout ce qu'on peut dire en sa faveur, c'est que

Ses rayons ténébreux déparent la Nature:
Elle chérit en tout les cœurs voluptueux;
Et donnant à Vénus sa fatale ceinture,
    La prostitue aux Dieux.

Qui ne voit que vous cherchez la rime, & non pas le bon sens?

Sous le masque enchanteur de ta verve étourdie,
L'on ne voit que des mots entassés lourdement,
    Et

Et l'humble vérité n'est jamais embellie
    Aux dépens du bon sens.

Ouï, ton esprit borné, vaincu par la matière,
Innemi du bon sens, abruti, fainéant,
Végete sans penser, & n'ouvre la paupière
    Que par l'instinct des sens.

D'un Voltaire mordant l'éloquence déchûe
Croasse dans la fange aux pieds de l'Hélicon,
Se déchire en serpent, ou se traine en tortue,
    Loin des pas d'Apollon.

Tes Vers audacieux, sans aucune parure,
Dans un art pedantesque en leur simplicité,
Maigres enfans du goût, rebuts de la Nature,
    Prèchent la volupté.

Tes soins infructueux nous vantent la paresse,
Et chacun de tes Vers ne peut la démentir,
Et l'on y voit toujours la pesante mollesse
    Dans ce qu'ils font sentir.

Au centre du bon goût d'une nouvelle Athenes,
Tu ne moissonnes point la gloire des talens,
Et l'Univers entier, envieux de la Seine,
    Se moque de tes chants.

  Il ne suffit pas, Monsieur pour être Poëte, de donner des riens brillants; il faut encore avoir une grande justesse dans les pensées, & c'est ce que votre imagination trop bouillante ne vous permet pas d'avoir. Il n'est peut-être pas aisé de citer quatre de vos Vers où l'on n'ait sujet de reprendre quelques défauts, ou desirer quelque beauté. Permettez-moi de faire quelques réflexions sur la Poésie. Brebeuf, en embellissant l'idée de Lucain, en a donné, sans y penser, une définition bien juste.

Phœnices primi, famæ si creditur, ausi
Mansuram rudibus vocem signare figuris.

C'est de lui que nous vient cet art ingénieux
De peindre la parole & de parler aux yeux,
Et par des traits divers de figures tracées
Donner de la couleur, & du corps aux pensées.

Vous avez voulu en tand d'endroits de vos Ouvrages éclaircir & fixer les principes de la Poésie, en disant d'elle qu'elle est *l'art de donner du corps & de la couleur à la pensée*, de l'action & de l'ame à tous les objets; mais vous avez ressemblé à ces Médicins qui ont la théorie, sans avoir la pratique. Presque toute votre Poésie n'est qu'une peinture superbement embellie, mais extrêmement isolée, sans enchaînemens & sans principes. Il suffit de penser pour être homme d'esprit;
mais

mais il faut imaginer avec raison pour être Poëte. Horace, si grand Peintre dans ses *Odes*, ne se croit pas lui-même Poëte dans ses *Satyres*, & dans ses *Epitres*; il ne reconnoît de règles essentielles à la Poésie que les seuls principes d'une peinture raisonnée, *ut pictura Poësis*.

Les Ouvrages d'Homere, d'Hésiode & de Virgile sont des galeries de tableaux, ouvertes à tous les amateurs des beaux Arts; aussi le célebre Bouchardon, qui dans la partie du dessin peut justement être appellé le *Raphaël de la France*, a dit, en parlant d'Homere, *C'est le Poëte des Peintres*. On pourroit faire le même éloge de Virgile: en effet quel tableau de Michel Ange a plus d'expression & de force que le Combat de Cacus & d'Alcide dans le *VIII. Livre de l'Enéide*? par quels traits de feu ce terrible Combat n'est-il pas terminé? On trouve à chaque page dans Homere & dans Virgile des tableaux de la dernière force & de la plus grande vérité. C'est sans doute cette abondance d'images, tirées du sein de la Nature, qui a assûré, de siécle en siécle, à ces deux célebres Auteurs le titre de grands Poëtes. Si on ne les avoit jugés qu'en qualité d'hommes d'esprit, peut-être on auroit eu bien des défauts à leur reprocher; mais pour vous, Voltaire, on ne sauroit presque rien vous attribues de ces grandes qualités. Votre coloris, il est vrai, est quelquefois assez brillant; mais sans force & sans énergie. J'ai oui dire à des personnes d'un goût très délicat, qu'un bon Poëte faisoit peu de Vers, & que la grande quantité n'étoit jamais exempte de foiblesse & de défauts essentiels. Ainsi vous, qui en avez inondé l'Univers, vous n'en pouvez avoir que de très pitoyables. Je vous l'ai fait voir dans *l'Ode à Gresset*, & je crois que si l'on suivoit pas à pas toutes vos Poésies, on les trouveroit à peu près semblables. Un juste Critique l'a bien fait voir, en disant :

 Ma foi, Voltaire, est un grand homme:
 Il n'est de Paris jusqu'à Rome
 Aucun mortel si fortuné,
 Ni de talens mieux guerdonné.
 De Science infuse il se pique,
 Ce n'est que salpêtre, que feu ;
 Quatrain, Sonet, Poëme Epique,
 Tout cela pour lui n'est qu'un jeu:
 En huit jours Pièce Dramatique,
 L'Histoire lui coute aussi peu.

Ma-

LA LAÏS PHILOSPHE.

Machiavel en politique,
Il lui donneroit la leçon.
Du Goût oracle fantastique
Dans une Padoge comique
Git Idole de sa façon.
Aigle subtil, lynx en Physique,
A tous il explique à coup sûr,
De Newton le système obscur.

Saine Morale théorique (*a*)
Voltigeant par saut & par bond,
Quoique contraire à sa pratique,
De son savoir vaste & profond
Est une autre preuve authentique.

Stellionaire (*b*), ami du bien,
(Que s'il vous dit qu'il n'en est rien,
Levier, Ledet dans leur replique
Soutiendront qu'ils le savent bien).
Déiste, Athée & Fanatique,
Nouveau Capanée, il s'applique
A morguer un Dieu qui l'attend.

Il brave tout, haine publique,
Religion, Gouvernement:

(*a*) Tout le monde sait que Voltaire a de grandes Sentences de Morale qu'il n'a jamais eû dessein de mettre en pratique. Il agit comme beaucoup de Prédicateurs, il fait ce qu'il defend.

(*b*) Stellionaire veut dire, qui vend le même Ouvrage à plusieurs personnes.

Pour sa licence frénetique,
Tantôt coffré, tantôt errant,
Et soutenant thèse Gaulique
Dont Chabot (c) fut le Président.

Enflé de ce Laurier caustique,
A d'autres honneurs il prétend.
Houzai ! pour ce Prothée unique,
Son éloge ne peut tarir ;
Mais c'est assez en discourir :
Concluons, & disons en somme,
Ma foi, Voltaire est un grand homme.

Vous vous attirez sans doute avec raison ces Satyres piquantes par vos Ouvrages, qui sont marqués au coin de l'irréligion la plus effrontée.

Je m'apperçois que je fais souffrir votre amour propre ; mais il est bon d'humilier les superbes, & de venger la Religion. On sait que le système de Spinosa vous tient fort à cœur. Ce que je vais vous raconter, pourra vous servir de quelque instruction. En méditant un jour sur cet affreux système, & ne pouvant concevoir comment l'esprit humain pouvoit

―――――
(c) Le Prieur de Rohan lui fit donner des coups de canne devant l'Hôtel de Sulli.

voit se porter à cet excès d'égarement, je m'endormis profondément, & vis en songe deux monstres énormes qui embrassoient toute la Nature, & vouloient l'ériger au rang de la Divinité. Je fus si effrayé d'une telle témérité, que je m'éveillai en sursaut. Alors rendu à moi-même, je m'écriai transporté d'une sainte ardeur :

Enfin je vous revois, bois antique & sauvage,
Lieu sombre, lieu désert qui dérobes le Sage
Au luxe des Cités, à la pompe des Cours,
Où, quand la raison parle, elle convainc toujours,
Où l'ame, reprenant l'autorité suprême,
Dans le sein de la paix s'envisage elle-même,
Esclave dans Paris, ici je deviens Roi ;
Cette grotte, où je pense, est un Louvre pour moi.
La sagesse est mon guide, & l'Univers mon livre ;
J'apprends à réfléchir pour commencer à vivre.
C'est ici que la sage & profonde raison
De mon esprit captif étendit la prison,
Quand armé du flambeau de la Philosophie,
Je démasquai l'erreur que l'orgueil déifie,
Que tolera long-tems le Batave séduit,
Et que jusqu'en nos murs le mensonge conduit.
Vous donc, qui me suivez dans cette solitude,

Qui

Qui par des nœuds de fleurs m'attachez à l'étude ;
Muse, rappellez-moi le mémorable jour,
Où la vérité même éclairant ce séjour,
Du Dieu de Spinosa m'offrit la vive image :
Elle étoit sans bandeau ; peignons-la sans nuage.

Loin du faste imposant & toujours onereux,
En d'utiles plaisirs couloient mes jours heureux.
Tout entier à l'étude, à mes vœux, à moi même.
Du hardi Spinosa, en creusant le système,
Je vis sortir soudain des débris de la terre
Un énorme géant, que dis-je ? un Monde entier,
Un colosse infini, qui parut régulier.
Sa tête fut à mes yeux une montagne horrible,
Ses cheveux des forêts, son œil sombre & terrible
Une fournaise ardente, un abîme enflammé ;
Je crus voir l'Univers en un corps transformé,
Dans ses moindres vaisseaux serpenter les fontaines,
Et des fleuves profonds écumer dans ses veines.
La robe, qui le couvre, est le voile des airs ;
Sa tête touche aux cieux, & ses pieds aux Enfers.
Il paroît ! la frayer de mon ame s'empare ;
Mais dans le trouble affreux où mon esprit s'égare,
Plus trémblant que soumis, plus surpris qu'agité,
Je cherche en lui les traits de la Divinité.

Lors.

Lorsqu'abaissant vers moi sa paupière effrayante,
Il m'adresse ces mots d'une voix foudroyante :
» Cesses de méditer dans ce sauvage lieu ;
» Homme, plante, animaux, esprit, corps tout
　　» est Dieu,
» Spinosa le premier connut mon existence,
» Un Voltaire après lui retrace ma substance :
» La matière & l'esprit en sont les attributs ;
» Si je n'embrassois tout, je n'existerois plus.
» Principe universel, je comprends tous les êtres,
» Je suis le Souverain de tous les autres maîtres.
» Les membres différens de ce vaste Univers
» Ne composent qu'un tout, dont les mondes divers
» Dans les airs, dans les cieux, sur la terre & sur
　　» l'onde,
» Embellissent entre eux le théâtre du Monde ;
» Et c'est l'accord heureux des êtres réunis
» Qui comble mes thréfors & les rend infinis,
» Cesses donc de borner ma puissance divine :
» Je suis tout ; tout en moi puise son origine
» Ma grande ame circule, agit dans tous les corps,
» Et selon leur structure, anime leurs ressorts ;
» Mais la sagacité ne s'échappe & n'émane
» Qu'à travers le bandeau que m'oppose l'organe ;
» Si le voile est épais, l'esprit éclate moins,
» S'il est plus délié ; libre alors de ses soins,
» Il brise le tissu de ses liens rebelles,
» Et jusque dans le ciel lance ses étincelles,

E　　　　　　　　　» De

,, De cet Etre ignoré, de cet Etre puissant
,, Admire & reconnois le portrait agissant ;
,, Mon corps est le monceau de toute la matière,
,, L'union des esprits forme mon ame entière".

Il dit ; mais de cent coups à la fois foudroyé,
Comme un foible cristal le colosse est broyé.
Voltaire, c'est ainsi que ta doctrine impie
Par la voix du Très-Haut se voit anéantie.
Spinosa n'a plus d'erronés sectateurs,
La vérité paroît du milieu des erreurs,
Et le sceptre à la main, d'une auguste présence,
Confond tous les héros de la docte impudence.
O ! Nature, ô ! destin, vous n'êtes point des Dieux ;
Vous avez un Auteur dans l'empire des cieux.
Etres subordonnées au Créateur suprême,
Annoncez nous sa gloire & son bonheur extrême,
Dites à l'Incrédule ! Il est, il est un Dieu,
Dont le pouvoir s'étend en tout tems, en tout lieu,
Téméraires esprits ! voiez sa patience ;
Il peut punir le crime & suspend sa vengeance.

Pour moi, Monsieur, qui prends un vif intérêt à ce qui vous regarde, je suis fâchée de votre mauvaise réputation. Croiez-moi, servez-vous de votre génie pour réparer tout le mal que vous avez fait. S'il est des foiblesses pardonnables, il en est d'autres qui ne le sont pas. On
pas-

passe sur celles de l'amour, parce que la Nature réclame ses droits; on revient tôt ou tard de cette erreur, & le tempérament ne secondant plus les passions, le cœur revient à lui-même, se trouve charmé de retrouver dans son fond les premiers principes de Religion. L'Etre souverain est infiniment miséricordieux; il pardonne aux foiblesses de la Nature, mais rarement à ces vices de perversité, qui rendent un home odieux à toutes les sociétés.

J'ai demain du monde à dîner, je vous y invite; vous y trouverez très bonne compagnie. Donnez-moi la satisfaction de vous entretenir de tems en tems; je n'oublierai rien de mon côté pour notre mutuelle instruction, & peut-être que les voiles du préjugé, une fois déchirés, la vérité s'offrira à vos yeux avec tous ses charmes.

Madame, me dit Mr. de Voltaire, je rends graces à vos bontés. Esperez que mes sentimens pourront un jour se conformer aux vôtres. Je vous écouterai avec plaisir, mon cœur me rapproche déjà du vôtre, & ce que toutes les lumiéres de l'esprit ne peuvent sur moi, peut-être que vos charmes & votre complaisance le feront. Mr. de Voltaire prit a-

lors

lors congé de moi; & comme j'étois fatiguée, parce que notre conversation avoit été fort longue, je fus prendre un peu de repos. Je fis alors mille reflexions sur mes égaremens & sur ceux des hommes en général. Quel est, me disois-je à moi-même, le genre de vie que je mene; comment pouvoir excuser mes foiblesses? Je conserve encore, il est vrai, les principes de ma Religion; ils sont profondément gravés dans mon cœur, mais ma conduite y est-elle conforme? L'esprit ne succombera-t-il pas enfin à l'erreur de mes sens? à quel excès ne me porte point la vivacité de mon tempérament? Je ne vois, il est vrai, que des gens d'esprit; mais ne sont-ils pas les plus dangereux? leur voix enchanteresse peut séduire un cœur mille fois plus affermi que le mien. Je me sers, je l'avoüe, de mon peu d'esprit pour venger les dogmes de la Religion; mais d'un autre coté je sens que je la deshonore par mes mœurs.

Que de huées ne m'attirerois-je pas, si l'on savoit dans le Monde qu'une femme de ma sorte s'avise de prêcher aux Déistes; qu'une Courtisane veut convertir un Voltaire, un d'Argens, & presque

tou-

toute la Secte des Esprits forts ? Tel est cependant le but que je me propose aujourd'hui. Peut-être qu'un jour, lorsque le repentir détruira mes foiblesses ; peut-être, dis-je, le Dieu des miséricordes aura pitié de moi: mais tous ces Esprits-forts sont-ils susceptibles de retour ? Hélas ! ils sont les plus obstinés dans leurs préjugés. L'erreur brille à leurs yeux sous les couleurs les plus flatteuses pour leurs passions ; ils ont étouffé la vérité dans leur cœur, l'imagination leur tient lieu de raison, & sans le retour de la vertu, le voile qui les aveugle, ne se déchirera jamais.

Telles étoient les réflexions que je faisois, lorsqu'elles furent interrompues par le premier, mais le plus terrible malheur de ma vie. J'avois jusque-là joüi des délices du plaisir, sans en avoir senti les amertumes. Vénus m'avoit toujour soûri ; les charmes de la volupté s'étoient offerts à moi sans ces tristes retours, malheureux fruits de la mollesse. Bientôt mon ame fut accablée sous le poids des plus noirs chagrins. Mon pere avoit découvert le lieu de ma retraite, & aiant appris le genre de vie que je menois, il avoit résolu de m'enfermer dans un Couvent.

vent. Je haïssois la clôture, & je crois que j'eusse plutôt préferé la mort à la perte de ma liberté. Il vint chez moi avec un Exempt: il fut le premier objet que je vis, lorsque tout à coup on ouvrit la porte de ma chambre. Il lança sur moi un regard foudroyant, & ne pouvant le supporter, je tombai en syncope & perdis le sentiment. On parvint à me faire recueillir mes esprits; mais ce ne fut que pour me rendre témoin du malheur que l'on me préparoit. Mon pere ne me dit pas un mot; mais il commanda à l'Exempt de faire son devoir. Madame, me dit-il, je suis fâché des ordres que j'ai reçus de Mr. votre pere; mais il faut avoir la bonté d'y obéir. Il voulut me prendre par la main; je le repoussai avec indignation. Mon pere, témoin de ma résistance & les yeux en fureur, tire à l'instant un pistolet de sa poche.

Je crus que c'étoit fait de moi, & je ne doute pas qu'il ne m'eût brulé la cervelle, si l'Exempt ne lui avoit ôté l'arme des mains. Je me vis donc forcée d'obéir. On me mit dans un Fiacre, & j'eus la cruelle douleur d'apprendre que l'on me conduisoit aux *Filles de Sainte-Marie.* Quelle extrémité pour moi! Mille fois

fois je maudis le jour qui me vit naître. Je fondois en larmes, j'étois au désespoir, & je me serois de bon cœur ôté la vie, si j'en avois pû trouver le moïen. L'Exempt, homme plus poli qu'ils ne le sont ordinairement, me consoloit du mieux qu'il lui étoit possible. Madame, me disoit-il, la vie est souvent remplie des revers les plus chagrinans : mais le malheur ne dure pas toujours ; le calme succéde à la tempete. Je suis touché de votre affliction, consolez-vous ; le tems est un remède à tout. Mr. votre pere s'appaisera enfin, & bientôt vous aurez l'agréable satisfaction de vous réconcilier avec lui. Parmi ces consolans propos nous arrivâmes à *Sainte Marie*. Je descendis du carosse, & l'Exempt me remit entre les mains d'une vieille Duëgne, dout le visage hideux étoit seul capable de me faire mourir d'effroi; mais quelle fut ma terreur, lorsqu'en entrant par une petite porte, j'entendis le bruit effrayant de cent gros verroux ! Je crus alors descendre dans le sombre abîme, & le Tartare commençoit à ne plus me paroître une fable. On me mit dans une chambre, où regnoient les ténèbres & l'obscurité. Un lit, une chaise, une table en

F 4   fai-

faisoient tout l'ornement. On referma la porte, & on me laissa livrée à mes cruelles réflexions. O Dieu! comment puis je encore me rappeller un si triste souvenir? Comment pourrois-je décrire l'agitation, la torture où furent mon esprit & mes sens? Des torrens de larmes couloient de mes yeux, une sombre fureur faisoit frémir tout mon corps Je me meortrissois le sein, je proferois mille choses horrib'es contre l'auteur de ma disgrace. J'ai honte de le dire ; mais tel est l'effet du desespoir, qu'il ne consulte ni la raison, ni le sentiment.

Fatiguée par tant d'agitation, je me jettai sur ce malheureux lit, où rappellant avec amertume les égaremens de ma vie, je me dis à moi même : ,, Voilà donc
,, enfin où conduit l'amour du plaisir.
,, Tôt ou tard le crime subit le châti-
,, ment; tu en fais à présent une mal-
,, heureuse expérience. Tu as nagé
,, dans la joye, tu gemis maintenant
,, dans la douleur. Que sont devenus ces
,, momens de délices qui ravissoient tou-
,, tes les puissances de ton ame; que sont
,, devenus ces adorateurs séduisans, ces
,, génies aimables, uniquement attentifs
,, à célebrer tes charmes & ta beauté;
,, que

„ que sont devenus ces soupirs déli-
„ cieux, ces conversations agréables,
„ ces amusemens frivoles qui faisoient
„ l'objet de ton empressement & de tes
„ recherches? Dans quel lieu te vois tu
„ maintenant réduite? dans un azyle où
„ l'ont met toutes les plus affreuses vic-
„ times de la débauche. Mais ne l'as-tu
„ pas bien mérité; n'as-tu pas étouffé
„ ces sentimens de délicatesse qu'une
„ personne bien née regarde comme le
„ bien le plus précieux de la vie? Ton
„ éducation & ton esprit peuvent-ils
„ justifier les égaremens de ton cœur?
„ Non, sans doute, & la seule ressour-
„ ce, qui te reste dans un lieu si funes-
„ te, c'est de former la généreuse réso-
„ lution d'être sage, de fléchir la bonté
„ de ton pere, & d'avoir recours à l'Au-
„ teur de toute consolation ".

J'étois ainsi au milieu de ces cruelles réflexions, lorsque j'entendis ouvrir ma chambre. Je vis entrer une jeune Sœur, qui avec un morne silence mit sur la table un peu d'eau & un morceau de pain. Sa physionomie me parut assez revenante, & je crus m'appercevoir qu'elle étoit assez affligée de mon sort. Je la priai de vouloir bien m'écouter un mo-

moment ; mais elle s'en excusa, sous prétexte qu'elle avoit une défense absolue de me parler. Je ne voulus pas la contraindre, & la laissai sortir, dans l'esperance que je viendrois à bout de la gagner par des manières prévenantes. Je passai ainsi la nuit, & peut-être la plus cruelle de ma vie.

Le lendemain vers les huit heures du matin, la Supérieure entra dans ma chambre, me fit une exhortation fort pathétique, & me dit de la suivre au parloir, où l'on me demandoit. Je pensois y voir mon pere ; cependant j'avois de la peine à me le persuader. En entrant, j'apperçus un Ecclésiastique bien fait & de bonne mine. Après les premiers complimens, il m'informa qu'il venoit de la part de mon pere, & qu'il étoit chargé d'avoir quelques entretiens avec moi. Je ne l'avois pas encore bien fixé, lorsque tout à coup je fus étonnée de voir Mr. de S. F., qui s'étoit ainsi déguisé pour procurer ma délivrance. Mes amis, aiant appris ma disgrace, s'étoient assemblés chez Mr. D**, dans la résolution de chercher les moïens de me rendre ma liberté. Mr. de S. F. sur-tout avoit conçu le projet de s'habiller en Ecclésiastique,

que, de supposer un ordre de mon pere, & de m'arracher du Couvent dès le lendemain même, s'il étoit possible. Il s'étoit abouché avec le premier Commis du Lieutenant de Police, avoit obtenu à prix d'argent un ordre supposé, & étoit venu avec empressement à *Sainte-Marie*, accompagné du même Exempt qui m'avoit conduite la veille; il en fut quitte pour quatre louis. Après un moment de conversation, pendant lequel j'eus le tems de me reconnoître, il tira de sa poche l'ordre supposé, & le présenta à la Supérieure, qui ne fit aucune difficulté de s'y conformer. Je fus relâchée à l'instant, & Mr. de S. F. me conduisit dans le Fauxbourg St. Paul, où l'on m'avoit preparé un appartement. Depuis ce tems-là, j'ai appris que mon pere n'avoit pû me découvrir, malgré toutes ses perquisitions, & qu'il étoit retourné en Province, fort irrité contre moi.

Tous mes amis vinrent me féliciter sur mon retour; je les remerciai du service qu'ils m'avoient rendu. Enfin le dirai-je? je repris mon train ordinaire; & tel est l'effet de la prospérité, qu'elle nous fait oublier nos meilleures résolutions. J'avois promis de renoncer à mes

foi-

foibleſſes; mais dès que les diſgraces ſont paſſées, on ſe ſouvient rarement de ſes promeſſes. Trois jours après, le célebre Auteur, qui m'avoit généreuſement accordé un appartement lorſque l'arrivai à Paris, voulut celebrer par un feſtin ma liberté preſente. Tous nos amis communs y furent invités; c'étoit tout ce qu'il y avoit de plus grands génies en France; un Voltaire, un Monteſquieu, un d'Alembert, un Piron, un Marmonteil, un Crebillon, un Marivaux, & bien d'autres qu'il ſeroit inutile de nommer. Je ne dois cependant pas omettre Mr. l'Abbé de l'Attaignan, homme rempli d'eſprit, ennemi déclaré des Eſprits-forts, mais très eſtimé de ces Mrs. par rapport à ſes vaſtes lumières. Le repas fut ſomptueux. On parla peu juſqu'au Deſſert; enfin la converſation devint très ſérieuſe & philoſophique.

Je ne ſais, dit Mr. de Voltaire, pourquoi nous paſſons dans le Monde pour une Secte d'Impies. Peut être n'eſt-ce qu'un Vulgaire profane, pêtri de préjugés & d'erreurs, qui nous traite ainſi; cependant j'ai appris que des eſprits très ſupérieurs ne nous font pas plus de grace, témoin Madame, qui dans pluſieurs
con-

conversations particulières m'a dit les choses les plus dures. Elle a combattu nos systêmes, jusqu'au point de les renverser. Ne suffit il pas de croire un Dieu, Môteur suprême des loix du mouvement? La seule raison ne nous dicte que cette vérité, & la seule raison est le guide infaillible que la Divinité nous ait donné pour nous conduire. Ouï, sans doute, reprit Mr. d'Alembert. Croire à un Dieu, l'adorer & l'aimer, est la véritable Religion de l'homme. Par-là on ne risque nullement de se tromper, on n'est point exposé à tomber dans l'Idolatrie, comme y sont tombées presque toutes les parties du Monde. D'ailleurs nous avons maintenant en faveur de notre systême les Nations les plus éclarées. Les Chinois, les Japonois, les Mogols, les Turcs, les Persans & presque tout le vaste Empire des Indes n'adorent qu'un seul Dieu. Le Christianisme, il est vrai, porte quelques caractères de Divinité; mais ses Mystères répugnent à la raison, sont trop incompréhensibles, & leur obscurité ne s'accorde point avec les simples notions de l'esprit; ce sont de beaux astres qui brillent sur nos têtes, mais trop élevés pour nous éclairer. Supposez-moi pour un moment comme un Missionnaire, qui iroit dans les vastes régions du Midi prêcher la Religion Chrétienne à des peuples, guidés par les lumières naturelles. De quel œil me regarderoient-ils ? Comment pourroient-ils entendre qu'un premier homme coupable a rendu toute sa postérité digne de peines éternelles; qu'un fruit, goûté contre les ordres de Dieu, a condamné le monde entier à la malédiction & à l'anathême ? Comment pourront-ils comprendre que la Divinité a un Fils, qu'il a pris notre nature, qu'il est venu habiter parmi nous, qu'il est mort sur une croix pour nos pechés, pour nous mériter la résurrection des corps, & un bonheur sans fin ? Comment enfin pourront-ils comprendre que l'Etre souverain est composé de trois Personnes réellement distinctes ? Ne me traiteront-ils pas d'insensé, ne me regarderont-ils pas comme un homme attaqué de délire, ou de fanatisme ? Ce n'est pas douteux, repartit Mr. Piron, & sa Morale me plait encore moins. Comment ? il faudra, pour être sauvé, renoncer à l'usage de ses sens, jeûner comme un criminel, se foüetter comme un baudet ? Est-il donc de l'essence des Justes d'avoir l'estomac

trop

trop étroit ? Si la volupté nous est défendue, pourquoi ces violens mouvemens de la Nature qui rapprochent si fortement les deux sexes ? Eh ! que deviendroit mon débauché converti, & tant d'autres Ouvrages de génie, où j'ai si bien peint l'attrait des sens ? Non, trêve de Religion Chrétienne ; je m'accommode mieux de la nôtre. Vivons du moins, jouissons, puisque nous tenons l'être.

Mr. l'Abbé de l'Attaignan avoit jusque-là laissé raisonner ces Beaux esprits. Indigné d'entendre des blasphèmes si horribles, il prit la parole, & d'un ton supérieur il leur parla en ces termes. Messieurs, j'avois bien cru jusqu'à présent, qu'il y avoit dans le Monde des Impies qui ne respectoient ni les Loix de la Religion, ni celles de la Nature ; mais, je vous l'avoüe, vous êtes les premiers que j'aie vûs d'une impiété aussi déclarée. Je rougis même de parler avec des esprits qui me paroissent plutôt des Démons que des ames créées pour la justice & la vérité. Permettez-moi, Mrs., de vous opposer des raisons aussi convainquantes & solides, que les votres sont superficielles. Je ne veux pas vous rappelpeller ici à ces Oracles divins, organes de la vérité, par qui Dieu a manifesté sa Religion; je ne veux qu'opposer raison à raison. Le premier objet, qui vous embarrasse, est ce que nous appellons le péché d'origine; mais voions si dans la conduite de Dieu il y a rien d'injuste & de contraire à sa bonté. Prêtez seulement votre attention à la force de mes raisonnemens. Vous n'ignorez pas que le premier homme devoit son hommage & sa dépendance à son Créateur; il l'avoit créé libre & capable d'adoration. Est-il contraire à sa justice qu'il ait voulu éprouver la liberté de l'homme? En qualité de Créateur, ne devoit-il pas exiger l'obéissance de sa créature? Mais comment auroit-il reconnu sa soumission, s'il ne lui avoit prescrit aucune Loi? Je sais qu'il connoissoit les cœurs, qu'il savoit si le premier homme lui désobéiroit ou non; néanmoins cette obéissance, qu'il exigeoit, n'étoit pas pour lui, mais pour faciliter à sa créature les moïens de mériter de plus en plus ses faveurs. D'ailleurs ne perdez pas de vûe le don heureux de la liberté dont il l'avoit gratifié; elle est le fondement de mes preuves. L'homme avoit une égale facilité

à

à l'obéissance & à la desobéissance; sa liberté étoit le principe de son chatiment, ou de sa recompense. Dieu ne lui fit qu'un commandement bien facile: *Vous vivrez*, lui dit-il, *de tous les autres fruits qui sont dans ce lieu de délices; mais pour éprouver votre fidélité, vous ne toucherez point à l'arbre du bien & du mal. Si vous me desobéissez, vous mourrez de mort.* Dieu l'avoit positivement menacé; l'ignorante ne pouvoit pas justifier son crime. Cependant il n'eut point d'égard à ce commandement; il se laissa séduire, il tomba, & Dieu le condamna à la mort avec toute sa postérité. Vous trouvez juste, je le sais, la punition du premier homme; vous ne vous recriez que contre celle de sa postérité. Quelle connexion y a-t-il, dites-vous, entre le crime d'Adam & celui du dernier homme? Pourquoi punir l'innocent dans le coupable? Toutes ces raisons ne sont que spécieuses. Dieu n'est pas injuste pour cela. Dites-moi, je vous prie, taxez-vous d'injustice un Prince de la terre, qui punit souvent un criminel de Lèze-Majesté jusqu'à sa quatrième génération? Ne voiez-vous pas tous les jours des enfans porter la peine de leurs peres? pour vous citer un un exemple récent, de quel crime sont coupables les parens du parricide Damiens? Pourquoi les a t-on bannis, exilés hors du Royaume? pourquoi a t on flétri leur nom & leur réputation? Cependant ils n'avoient aucune part au crime du scélerat, ils l'avoient en horreur comme un monstre qui auroit dû être étouffé dès sa naissance. Eh! pourquoi ne criez-vous pas à l'injustice contre le Roi de France? pourquoi n'allez-vous pas dire que c'est commettre la plus criante des injustices, que de punir des innocens dans un coupable? pourquoi ne le faites-vous pas passer comme un tyran, qui ne respecte pas plus le juste que l'injuste? pourquoi encore ne regardez-vous pas les Magistrats, qui les ont condamnés, comme des Ministres d'iniquité? Une telle imputation ne vous est jamais venue dans la pensée. Vous regardez le Prince comme l'image de la Divinité sur la terre, & qui doit, en cette qualité, punir avec la dernière sévérité ces monstres d'infamie, qui ôsent attenter à la plus précieuse des vies. Les Magistrats vous paroissent également des Juges intègres, qui doivent par nécessité, & par la Loi de leur ministère, veiller sur les jours &

les

les intérêts de leur Roi. Vous ne taxerez pas non-plus d'injustice un Prince qui punit un rebelle à ses volontés. Le courtisan téméraire, qui manque au respect, ou aux bienséances, n'est-il pas exilé de la Cour? toute sa famille ne se ressent-elle pas de ses disgraces? Le fils d'un Ministre disgracié parvient rarement aux faveurs; & quoiqu'innocent, il se ressent des fautes de son pere. Or croiez-vous que la Divinité ait moins de pouvoir qu'un Prince de la terre, & que sa justice soit mons sévère à notre égard que celle d'un Roi envers ses sujets? Celle-ci n'est qu'une simple émanation de la sienne; & si elle est si rigide, que ne doit donc pas être celle de Dieu? Il n'est donc pas injuste d'avoir condamné toute la postérité pour le crime du premier homme; mais voici encore une raison, qui, pour n'être que de convenance, n'en est pas moins solide. Un germe, infecté dans son principe, ne produit-il pas des fruits également corrompus? Un pere, peu sage dans sa conduite, & dont les organes ont contracté un venin contagieux, ne produit-il pas des enfans attaqués du même vice, & qui voient le tombeau aussi-tôt que le jour? Un pere scélerat ne produit-il pas également des enfans qui contractent les mêmes inclinations & les mêmes penchans ? Or tout le genre humain ne provient-il pas du premier homme, & s'il a été infecté dans son principe, pourquoi toute sa postérité ne s'en ressentiroit-elle pas ? Ne voions nous pas les mêmes effets dans la Nature ? pourquoi Dieu en auroit-il dérangé l'ordre en faveur d'un coupable ? A l'instant même qu'il desobéit à son Dieu, la mort & la corruption, selon les menaces de son Auteur, se glissèrent dans son être ; le germe, qui devoit ne produire que des fruits heureux, ne produisit que des fruits de mort. Tous les hommes étoient contenus dans ce germe, lequel étant corrompu, toute la postérité devoit être infectée de son vice. Dieu étoit-il contraint de lui rendre sa première vigueur ; le pouvoit-il même selon les loix de sa justice ? Non, sans doute : il avoit prononcé l'anathème contre la desobéissance du premier homme, & la punition de cette desobéissance devoit s'étendre à tout son être. Or tous les hommes étant renfermés dans ce premier être, tous les hommes devoient participer à sa punition. Un fleuve, corrompu pu dans sa source, ne roule dans son sein que des eaux corrompues; celles, qui s'en détachent & qui forment des ruisseaux, n'en deviennent pas plus pures. Les fleurs dans un terrain ingrat perdent toute leur beauté; elles participent à sa contagion. L'arbrisseau dans une tige mourante ne porte que des feuilles flétries, & c'est ainsi que chaque espèce se ressent des vices de son germe.

Je trouve, dit Mr. d'Argens, tous ces raisonnemens plus sophistiques encore que les nôtres. Il s'agit ici de savoir si le premier homme étoit réellement coupable, s'il a désobéi à son Créateur comme on le dit; & quand bien même il l'auroit été, Dieu n'en seroit pas moins injuste d'avoir confondu l'innocent avec le coupable. Bon, repartit Mr. l'Abbé, je vous prendrai ici par vos propres raisons, & je veux vous faire voir, que sans le péché d'origine, Dieu seroit encore plus injuste à notre égard. Jettons un instant nos yeux sur toutes les misères de la vie humaine. A peine l'homme commence à naître, qu'il commence à mourir: renfermé, pendant un assez long espace de tems, dans une étroite prison, il ne voit le jour que pour ré-
pan-

pandre des pleurs. Il annonce déjà par les cris perçans ses misères & ses malheurs. La contagion & la maladie viennent l'assaillir de toutes parts. Son enfance n'est qu'une affliction continuelle. Parvenu à l'âge de raison, il se voit obsédé de mille passions naissantes, qui ne lui laissent pas un instant de repos. L'ambition, la volupté, la nécessité, la faim, les misères de toute espèce sont pour lui comme autant de tyrans, & enfin la mort vient terminer ses malheurs par un sort plus funeste encore. Or, je vous le demande, Messieurs, si le premier homme eût été innocent, Dieu ne seroit-il pas injuste de l'avoir ainsi condamné à tant de peines ? ne serions-nous pas en droit de nous récrier contre sa bonté ? ne pourrions-nous pas lui dire : ,, Ouï, Auteur suprême de la ,, Nature, pourquoi avez-vous ainsi affli-
,, gé des créatures qui ne vous ont ja-
,, mais offensé ? Vous êtes juste, votre
,, bonté est infinie, & vous ne faites
,, point des malheureux sans raison ; ce-
,, pendant nous le sommes. Nous vi-
,, vons accablés sous le poids de nos
,, maux ; mais, ô Dieu ! si vous êtes ju-
,, ste, & nous innocens, pourquoi nous
,, trai-

,, traitez-vous ainsi" Dieu pourroit-il récuser une telle justification? Il seroit donc plus injuste dans votre systême que dans le mien. Vous aurez beau dire que telle étoit la volenté de Dieu; que ne nous devant rien, il pouvoit nous créer selon qu'is le jugeoit à propos, & que tout est bien dans l'ordre de la Nature. Vous aurez beau me dire que le mal, qui est dans ce Monde, n'est qu'un mal apparent; que les vices servent à nous faire devantage admirer les vertus, comme les ombres relevent l'éclat d'un tableau. Pour détruire ces sophismes, il suffit de vous prouver qu'il y a un mal réel dans ce Monde; & que Mr. Pope, quoique d'ailleurs grand homme, s'est réellement trompé. Je vous le demande, Messieurs, la mort est-elle un mal, ou un bien? La misère d'un homme, prêt à mourir de faim, ou à être condamné à l'échaffaut, est-elle un bien? Ouï, dit Mr. de Marmonteil, la mort est la fin de nos peines, & nos peines nous font desirer la mort. Selon vous, lui dis-je, il est donc des maux réels, & sans contester sur de vaines paroles, le sentiment intérieur dicte à tous les hommes qu'en ce Monde le mal surpasse le bien. Or,

di-

dites-moi: un Dieu, plein de bonté, peut-il rendre des innocens malheureux? un pere punit-il des enfans par la seule raison qu'il le juge ainsi à propos? Ne le regarderiez-vous pas comme un barbare, qui ne respecte ni le sang, ni l'innocence? Or nous sommes tous les enfans du Créateur. Il n'a donc pu nous condamner aux misères de la vie, sans l'avoir mérité; il y a donc eu un premier crime qui nous a attiré cette condamnation; on fait donc Dieu plus injuste, en niant le péché d'origine, qu'en l'admettant. C'est aussi par ce défaut de connoissance que les anciens Philosophes blâmoient la Divinité de nous avoir créées si malheureux. Ils ne pouvoient concevoir pourquoi elle nous avoit assujettis à tant de peines. Telle est l'origine de la Métempsicose & des deux principes. Les uns, pour justifier la Divinité, supposoient que nos ames avoient existé dans une autre vie; qu'elles avoient péché, & qu'en punition de leurs crimes, Dieu les avoit envoiées dans ce Monde pour être renfermées dans des corps, & expier, au milieu des misères de la vie, leurs foiblesses passées; les autres, également surpris de tous les maux qu'on voit regner

en

en ce Monde, furent contraints d'admettre deux principes, l'un du mal, & l'autre du bien. Ils attribuoient au premier l'origine des êtres physiques & à l'autre celle des êtres intelligens. Mais la seule raison suffit pour nous faire rejetter des systêmes aussi absurdes. Je ne les ai rapportés que pour faire voir que sans le péché d'origine, il est impossible d'expliquer pourquoi Dieu nous a rendu si misérables en ce Monde. Mr. de Voltaire a tort de dire dans un de ses Discours, qu'il ne tient qu'à l'homme de se faire un bonheur proportionné à sa nature; que les malheurs de ce Monde ne peuvent point en troubler la tranquillité: & pour tout remède, il nous propose dans nos disgraces de penser qu'il y en a de plus malheureux que nous, comme si les peines d'autrui pouvoient soulager les nôtres. Vous, dit-il, qui vous plaignez d'un sort infortuné, voiez un Belizaire, un Bajazet dans les fers, voiez un Chartes I. sur un échaffaut, un Dom Carlos baigné dans son sang. Raisonemens pitoiables, qui ne méritent pas la moindre attention! Vous, Monsieur de Voltaire, qui avez tant prôné les délices & le bonheur dont on peut jouïr en ce

Monde, convenez en avec moi de bonne foi, avez-vous jamais été heureux ? je dis plus, avez vous jamis paſſé aucun jour de votre vie, ſans quelque chagrin & quelque amertume ? Avez-vous même été heureux en idée ? Non, ſans doute : le bonheur ici-bas n'eſt qu'imaginaire. Nous voions évidemment qu'il y a des maux réels : ces maux n'ont pû être infligés à l'homme innocent, ſans injuſtice.

Il y a donc eu un crime d'origine, qui a précipité tous les hommes dans la malédiction de Dieu, & voilà, Monſieur, le principe de l'Incarnation. La diſtance étoit trop grande entre le Créateur & la créature pour reparer l'offenſe ; il falloit un Médiateur ſuprême, qui put rapprocher le fini de l'infini, qui pût élever l'homme juſqu'à Dieu, & abaiſſer Dieu juſqu'à l'homme. Or toutes les créatures étant coupables, il n'y avoit aucune qui pût opérer cette grande réconciliation. Dieu envoia donc ſon Fils unique, c'eſt-à-dire ſa Parole éternelle, l'image de ſa ſubſtance, pour opérer la Rédemption. Cela, Mrs., vous paroît un terrible problême à réſondre ; mais écoutez un grand homme, dont l'eſprit étoit bien plus ſupérieur que le vôtre. „ Eh ! pour-
„ quoi,

„ quoi, dit-il, la Divinité n'auroit-elle
„ pas un Fils, pourquoi ne l'auroit-elle
„ pas engendré? ne voions-nous pas
„ que tout est génération dans la Natu-
„ re?" Chaque semblable ne produit-il
pas son semblable? & quoique dans Dieu
cette similitude soit bien différente, on
voit par-là qu'il ne répugne pas à la raison que Dieu ait un Fils; mais ce Fils
étoit destiné pour racheter l'homme coupable. Or cette Rédemption ne pouvoit se faire qu'en employant le contraire de ce qui avoit perdu la créature. Le
plaisir l'avoit corrompue; il falloit donc
la racheter par les souffrances: c'est ce
qu'a fait le Fils de Dieu, en se livrant
volontairement à la mort. Elle avoit
sauvé les hommes; l'Esprit de Dieu devoit les vivifier, & cet Esprit, qui a
éclairé le Monde de sa sagesse, étoit encore un attribut personnel de la Divinité.

Je sais que le profond Mystère de la
Trinité vous paroît si contraire aux lumières naturelles, que vous ne craignez
pas de le traiter de rêverie & de chimè-
re; mais ce n'est encore qu'un effet de
votre orgueil. Dites-moi, Messieurs,
la pensée, l'entendement & la volonté

ne

ne font-ils pas dans l'homme trois êtres réellement distincts? cependant ne sont-ils pas unis indivisiblement? ne composent-ils pas un même être? Mais quand bien même la compréhension de ces Mystères seroit impossible, devroit-elle nous empêcher d'y adhérer? Combien de faits ne croiez-vous pas dans la Nature, & qui sont inaccessibles à toutes nos lumières? Avez-vous jamais pû comprendre les mouvemens réguliers de ces Globes célestes, qui ont toujours un cours uniforme? Avez-vous jamais compris l'éclat & l'immensité de ces astres qui nous paroissent autant de Mondes divers? avez-vous encore jamais compris le mystère éternel des Philosophes; je veux dire, les surprenans effets du tonnere? avez-vous jamais compris quelle est la force môtrice de ces secousses terribles qui dans un instant ébranlent la masse entière de l'Univers? Si donc tout est presque incompréhensible dans la Nature, pourquoi n'exiger que de l'évidence dans les Mystères de la Divinité? Voilà, voilà les fruits heureux de l'orgueil: on veut tout pénétrer, & on ne peut rien comprendre. Eh! Messieurs, ne donnez pas un essor si rapide à la petitesse de vos esprits;

prits; ne l'élevez pas si fort au dessus de sa sphère. Craignez le sort infortuné d'un Icare, craignez qu'il ne devienne semblable à ces vapeurs subtiles, qui vont se dissiper dans la moïenne région des airs. Descendez un instant pour éviter le danger; votre chûte seroit d'autant plus rapide, qu'elle seroit plus élevée. Portez vos regards sur vous-mêmes: vous êtes-vous encore jamais connus? Votre cœur n'est-il pas pour vous une énigme? Me direz-vous comment le plus petit mouvement s'opere en vous? O présomption! ô folie! On ne se connoît pas soi même, & on veut pénétrer tout ce qui est au dessus de nous-mêmes. Messieurs les Esprits forts, je n'ai maintenant qu'on mot à vous dire: pendant que les passions sont dans toute leur vigueur, pendant que vous jouïssez d'une florissante santé, les terribles vérités de la Religion ne font aucune impression sur vous; mais quand affoiblis par le poids de l'âge, au moment où vous serez prêts à payer le tribut à la Nature, vous penserez bien différemment. Alors la Religion aura son tour; elle se vengera pleinement de vos railleries, & j'ose assûrer qu'il n'en est aucun de vous qui ne la

ré-

réclame. Je vous citerois cent Esprits-forts, qui à l'heure de la mort y ont eu recours, parce qu'alors les préjugés étant dissipés, & l'orgueil de la vie ne se montrant plus sous ses dehors trompeurs, on voit les objets sous une face différente. L'avenir nous fait trembler, & dans l'incertitude du sort, qui nous attend, on préfere toujours le certain a l'incertain, la vérité au doute, & la foi à une présomptueuse raison. Heureux ceux, à qui le Dieu vengeur veut bien faire grace, quoiqu'ils ne lui donnent que ce que la crainte leur arrache alors !

Toute la compagnie fut charmée du discours de Mr. l'Abbé, & quoique je visse bien qu'elle n'étoit guères disposée à en profiter, je ne laissai pas que de ressentir une satisfaction intérieure, de voir leurs raisons réfutées avec autant de solidité. Nous nous levâmes de table, & fûmes nous promener dans le jardin, où il y avoit dans le fonds un grand cabinet de verdure. Après quelques tours d'allées, la compagnie vint s'y asseoir On entra d'abord en matière sur la Littérature. On siffla les mauvais Auteurs, on badina les rimailleurs & tous les vils insectes du Parnasse. Mr. de Voltaire avec
son

son flux d'enthousiasme ne se lassait point de faire de grandes peintures sur le dépérissement des Sciences en général, sur la Philosophie, la Poésie & sur tous les genres de Philologie. Il n'accordoit le don du génie qu'à un très petit nombre d'Auteurs, il ne manquoit pas de se mettre au rang suprême; & l'on s'appercevoit aisément que les louanges, qu'il leur prodiguoit, réflechissoient toujours sur lui même. Quelle manie, disoit-il, de tant vanter les Anciens! quelle ignorance & quelle stupidité n'apperçoit-on pas dans leurs Ecrits? Homere est-il autre chose qu'un peintre à idées gigantesques, qu'un verbiageur ennuyeux, qui nous présente des héros aussi ridicules que comiques? Qui peut à présent supporter sa fastidieuse lecture? Quel plaisir peut-on éprouver à voir une troupe de guerriers s'invectiver, comme des Crocheteurs, avant de combattre; de les voir unis aussitôt que divisés, s'asseoir auprès d'une table de pierre, dévorer des animaux en entier, lutter corps contre corps, & se battre, comme les faiseurs de coups de poing font à Londres? Quel mérite a un Horace? Il a, il est vrai, quelques Vers assez piquans; mais leur obscurité fait soupçon-

ner

ner leur foiblesse. Il est petit là ou il veut être grand, & sublime quand il doit être simple. Ovide, le faiseur de Romans & de Métamorphoses, n'endort-il pas à chaque instant par ses Acteurs fabuleux? Virgile, avec ses bœufs, ses chèvres & sa charrue, ne semble-t-il pas nous confiner dans le fonds d'une chaumière? Le prolixe César, le laconique Tite-Live, le doucereux Suétone, l'ampoulé Tacite peuvent-ils être comparés à la plus simple de nos brochures? Ont-ils jamais eu pour panégyristes qu'une Dame simple & idiote, ou quelques vieux radoteurs du siécle passé? La pauvre Dacier s'est morfondue à couvrir leur nudité; qu'a-t-elle gagné? elle les fait décrier, mépriser, & au lieu de l'ignorante vénération qu'on avoit pour eux, on ne leur a donné qu'un mépris éclairé. Si nous venons aux siécles moins éloignés du nôtre, quelle barbare ignorance n'appercevons-nous pas? Nul vestige de Science, nul goût pour les Arts; une nuit profonde étoit répandue dans tout notre hémisphere. Quelques Moines savoient lire, écrire, chanter; telle étoit la science de ces tems. Un nouveau jour brille à nos yeux, mais si foible encocore, qu'à peine on peut les ouvrir? Le sage Léon X., le preuz François I. font honneur au savoir; mais on voit encore des enfans sans souci, des Chevaliers de la Bajoce. Un Corneille, un Shakespear paroissent ensuite. Leur génie étoit grand, il est vrai; mais on pouvoit les comparer à un diamant brute, qui avoit besoin de la main de l'ouvrier. L'Arioste, le Tasse, le Camoëns, le Trissin pouvoient figurer encore; mais ils avoient endossé la cuirasse, le casque & l'armet du Chevalier de la triste figure. Pour ce qui est de quelques Auteurs du siècle passé & de ceux du présent, consultez mon *Temple du Goût*; vous les verrez réduits à leur juste valeur. Ils sont drapés comme ils le méritent; & à l'exception de quelques-uns de mes amis, je les ai si long tems laissé frapper à la porte, qu'ils en sont morts de froid & d'ennui.

Cela est fort bien fait, dit Mr. d'Alembert. Eh! que diantre alloient-ils faire aussi dans cette galère? Tous nos Poëtereaux, nos faiseurs de Romans & d'Anecdotes, nos petits Historiographes ne ne vous le pardonneront aſſurément pas : les fourmis du Parnaſſe vous aſſailliront de toute part, & je crains que vous ne ſubiſſiez le ſort de la taupe comique du Tanzai. Vous avez réformé, tranché, coupé: mais que direz-vous de nous autres Encyclopediſtes, nous qui étonnons l'Univers par la vaſte étendue de nos connoiſſances; nous qui prétendons réduire le ſavoir univerſel dans quelques Volumes; nous qui préſentons à tous les peuples de la terre une Religion nouvelle, amie de la Nature qui ne la contraint en rien; nous enfin qui ſommes regardés comme les oracles des Sciences? Ah! ſans doute nous deviendrons les Miniſtres & les Juges de ce Temple: vous nous en confierez la garde, & nous vous promettons d'en être le Gouverneur.

Oh! pour le coup le deſſein eſt charmant, dit Mr. de Monteſquieu; mais que deviendriez-vous, ſi par hazard quelqu'un s'aviſoit d'y mêler des marchandiſes de contrebande, ſi quelque Colporteur ſe gliſſoit furtivement dans le Temple? Il faudroit du moins établir quel-

quelque marque, à laquelle on pût reconnoître ceux qui doivent y être admis, ou exclus. Voici à quoi l'on pourra les reconnoître On leur demandera premiérement de quel païs ils viennent, quelles sont les mœurs de leurs concitoiens, quelle est leur Religion; en second lieu quel a été leur talent, leur profession, à quel genre d'étude ils se sont adonnés; en troisième lieu enfin s'ils ont été dans le florissant Empire des Cacouhacs, s'ils ont été bien parfumés dans la cassolette d'argent, & s'ils ont perdu la mémoire de la Science infuse qu'on, leur avoit accordée. S'ils répondent: *Nous sommes du païs des Esprits forts*, nous nous moquons de toute vérité; Lucrece fut le premier Roi de la Patrie; Spinosa en fut le Gouverneur; nous avons été en tout fidèles imitateurs de leurs loix; nous ne respectons point les droits de la Religion & de la Nature; ni ceux de l'humanité; nous prêchons à tous les hommes que le néant est la punition du vice & la recompense de la vertu; nous n'en avons jamais fait aucune distinction. Pour des Religions, nous n'en reconnoissons aucune; nous croirions faire outrage à la Divinité que de porter des regards supplians vers son Thrône; nous la regardons également comme un Etre trop sublime, pour qu'elle fasse quelque attention à nos hommages. A l'égard de nos talens, nous les avons consacrés aux blasphêmes, à des Vers infâmes contre toute sorte de Cultes, à des satyres sanglantes contre tous les hommes en général & en particulier, à des guerres intestines de Littérature, où nous mettons l'homme savant au-dessous de l'ignorant le juste au-dessous de l'injuste, & quiconque n'est pas de notre sentiment, au-dessous de tout ce qu'il y a de plus vil dans la Nature. Voilà la marque distinctive qui servira à nous faire connoître les personnages. Pour Monsieur de Voltaire assis sur son Tribunal au milieu de ce Temple, il y faisoit entrer à son gré ceux qu'il jugeoit à propos. Il donna l'exclusion à un certain Abbé Desfontaines, qui, quoiqu'aussi honnête que lui, en étoit cependant indigne. Il avoit ôsé parodier certains Ouvrages, partis de la plus savante plume de l'Europe; il avoit même lâché certaines invectives contre leur célebre Auteur, & cette unique faute lui attira l'exclusion.

Il se trouva par hazard dans la compagnie un jeune homme de beaucoup d'esprit, parent du Critique disgracié, lequel entreprit vivement Mr. de Voltaire. Il parloit avec autant de sagesse que de fermeté, & il le fit rougir plus d'une fois. Comment, Monsieur, lui dit-il, d'un ton vif & emporté? comment? êtes-vous assez téméraire pour parler si mal d'un homme à qui vous avez tant d'obligation? Que seroient devenus la plûpart de vos Ouvrages, si la plume de célebre Ecrivain ne leur avoit donné la vogue? Mais je ne m'étonne point d'un pareil trait de votre part; on connoît assez Mr. Arrouët, nom qui signifie *Porteclef*; on sait que vous avez renié votre nom, comme Rousseau renia son pere; on sait que dans votre misere ce même nom faisoit votre gloire, & que dès que la fortune vous eut porté sur une de ses aîles, vous ne le crûtes pas digne de vous. A ces paroles, Mr. de Voltaire le regarda d'un œil de courroux, & quitta la compagnie sous quelque prétexte. Le jeune homme, fâché de ce qu'il avoit évité si à propos les vérités qu'il alloit lui dire, s'approcha de moi, & me pria de vouloir bien lui permettre de faire le portrait d'un homme, si extraordinaire, & de rapporter les anecdotes les plus intéressantes de sa vie. Quoique je les susse pour la plupart, je ne fus pas fâchée de les étendre repeter, ou d'en apprendre de nouvelles. Je desirois connoître à fond Mr de Voltaire, & me garantir à l'avenir des piéges de son esprit, aussi bien que de son cœur. J'avois peur qu'après en avoir trompé tant d'autres, il ne me trompât à mon tour.

Vous saurez, me dit-il, Madame, que Mr. de Voltaire est un de ces caractères fourbes & malins, que toute Société doit avoir en horreur. Son visage maigre & décharné, son tempérament sec, la bile brulée, ses yeux étincelans & mauvais, tout an once en lui la malice d'un singe, la finesse du renard, & le caractère traitre du chat. Son esprit caustique trouve à mordre sur tout, & n'épargne, ni le sacré, ni le profane. Il n'est gai que par boutade, serieux par melancholie, emporté par tempérament, vif jusqu'à l'étourderie. Souvent il ne sait, ni ce qu'il fait, ni ce qu'il dit. Il est

est politique sans finesse, sociable sans amis, le matin Aristippe, & Diogene le soir. Il promet, & ne tient rien; il commence par la politesse, continue par la froideur, & finit avec dégoût. Il ne tient à rien par choix, & tient à tout par inconstance. Il moralise sans mœurs : vain à l'excès, il est encore plus intéressé. Il travaille moins pour la réputation que pour l'argent : il en a faim & soif; enfin il se presse de travailler pour sa hâter de vivre, & il friponne, sans vouloir être duppé. Un Auteur l'a encore mieux dépeint par ces Vers :

Spectre vivant, squelette décharné,
Qui n'a rien vû que ta seule figure,
Croiroit d'abord avoir vû d'un damné
L'épouvantable & hideuse peinture :
Mais épluchant le monstre jusqu'au bout,
Poëte impie, effréné Philosophe,
On voit encore, en considérant tout,
Que la doublure est pire que l'étoffe.

Je vais maintenant, Madame, vous rapporter le commencement de sa réputation & de sa fortune. A peine fut-il sorti du Collège, qu'il eut occasion de se faufiler parmi le beau monde, particulièrement chez le Duc de Richelieu. Madame aimoit beaucoup la Poésie, & Mr. de Voltaire contribuoit à la perfection de ses petites Pièces. Un jour la Duchesse lui fit présent de cent louis; somme étonnante qui pensa renverser la cervelle du Poëte. En retournant chez lui avec ces cent louis, il apperçoit un carosse avec deux chevaux & quatre habits de livrée qu'on alloit vendre à l'enchère. Il achete le tout pour les cent louis, cherche des domestiques à crédit, & va courir comme un fou dans toutes les rues de Paris avec ce superbe équipage. Il est sifflé de tous ceux qui le connoissoient pour ce qu'il étoit. Son pere veut l'assommer de coups, & le force à sortir de chez lui. Vous avez lu sans doute, Madame, la *Voltéromanie*, où notre héros est si bien depeint. La *Mâlebosse* n'est pas moins comique, & si elle n'étoit pas connue, comme elle l'est, je me ferois un plaisir singulier de vous la rapporter; mais voici un fait arrivé

au

au sieur Voltaire, & dont très peu de personnes sont instruites. Il avoit un jour lâché dans une compagnie quelques piquantes railleries contre une personne du Sexe, extrêmement aimable. Il s'y trouva par hazard deux Dames qui é‑soient fort amies de celles dont le sieur Arrouet avoit si mal parlé. Elles résolurent de venger l'injure qui lui avoit été faite. Au sortir de la compagnie, elles furent chez leur amie, & lui rapporterent le trait satyrique que Voltaire avoit lancé contre elle. Elles méditerent ensemble le projet de le bien punir. Dans cette vûe elles envoierent un carosse superbe avec trois domestiques en livrée étrangère à la maison où étoit encore Mr. de Voltaire. Le plus apparent des trois demande à lui parler, & lui dit qu'un Seigneur étranger souhaitoit d'avoir avec lui une conversation particuliere à l'Hôtel de ***. Arrouet, flatté d'une si glorieuse distinction, saute en carosse, & foüette cocher. Quand ils furent dans une rue détournée, le cocher arrête. Deux laquais montent dans le carosse, lui bandent les yeux, le pistolet à la main, & continuent leur route; jugez, Madame, du pitoyable état

état où étoit le sieur Arrouet. Que de tristes réflexions ne devoit il pas faire? Il croioit toucher à sa dernière heure, & toute la force de sa philosophie ne l'empêcha pas de jetter les hauts cris. Ils arriverent ainsi à l'Hôtel de la Dame insultée, qui avec les deux autres s'étoit mise à une des fenêtres de la cour pour avoir le plaisir de voir arriver le pauvre Satyre. Deux domestiques le font descendre aussitôt & le conduisent dans un caveau très obscur, où l'on renfermoit ordinairement le dogue de la maison. On l'enchaîne d'un pied, & on le laisse étendu sur la paille. Il demeura dans cet état jusqu'à huit heures du soir. Que de blasphêmes, que d'imprécations ne proféra-t-il pas pendant tout ce tems-là? Il étoit comme un animal enragé, qui déchire à pleines dents la chaîne dont il est attaché. Il appelloit tous les Saints à son secours, lui qui n'en vouloit reconnoître aucun. Sur les neuf heures, il entendit ouvrir la porte de son caveau, & un rayon d'espoir commençoit à luire à ses yeux, lorsqu'il se sentit vivement pressé par des bras fermes & vigoureux. On mit aussi-tôt culotte bas, & on lui fit subir le noviciat des flagellans. Son sang fang ruiffeloit de tous côtés, & pour toute confolation, on lui dit, en fortant, qu'il avoit auprès de lui une cruche d'eau avec du pain bis, pour dégraiffer un peu fa verve fatyrique. Il comprit alors d'où pouvoit provenir fa difgrace, fans néanmoins deviner qui lui joüoit un fi mauvais tour. En même tems il détefta la métromanie, & jura dans le fond de fon cœur qu'il renonceroit à un métier fi fcabreux, s'il avoit le bonheur de furvivre à une fcène fi terrible. Cependant on continua de lui faire expier fon imprudence par le même châtiment pendant huit jours confécutifs, & à chaque fois il entendoit une voix fonore & douce qui chantoit ces petits Vers:

Ta langue impudente & maudite
Un jour te fera périr;
Ton infortune fut prédite
Quand tu commenças à flétrir
Un fexe aimable & plein de charmes,
Qui force tous les cœurs à lui rendre les armes,
Et de céder à la loi du plaifir.

Enfin

Enfin le moment de sa délivrance arriva. Naturellement maigre & décharné, il l'étoit encore plus par le jeûne rigoureux qu'on lui avoit fait garder. Il ressembloit à ces phantômes ambulans, qu'on voit voltiger dans les airs après une sanglante bataille. La scène n'étoit pas encore finie pour lui. On le remit dans le carosse, & après lui avoir lié les pieds & les mains, on fut le planter à trois heures du matin à la porte du Caffé Italien. On l'étendit par terre, & on décampa promptement. Le pauvre Arrouet ne savoit encore où il étoit, lorsqu'un Crocheteur charitable, le voiant dans cet état, lui délia les pieds & les mains, & le mit en liberté.

Que n'aurois-je pas encore à vous dire, Madame, si je voulois vous rapporter toutes les avantures comiques qui lui sont arrivées? Etant à la Haye, il voulut faire connoissance avec un Ministre de beaucoup d'esprit. Celui-ci lui répondit: *Monsieur, quand vous aurez appris à connoître Dieu, vous pourrez alors faire connoissance avec les hommes.* Je vais enfin finir son portrait en quatre mots.

Di-

Dites-lui qu'il est fat, effronté;
Chacun le sait, lui même en fait parade.
Reprochez-lui blasphème, impiété;
C'est de nectar lui présenter rasade.
Ajoutez y balafre, bastonnade;
C'est son plus clair & plus sûr revenu.
Bref le mignon est par-tout trop connu,
Pour craindre encore affronts, ni flétrissures,
Et son salut est d'être devenu
Invulnérable à force de blessures.

    Lasse d'entendre tant de choses scandaleuses de Voltaire; je fus dans mon cabinet me livrer à quelques réflexions. Si les personnes d'un génie, même le plus supérieur, dis-je en moi même, sont sujettes à tant de foiblesses & d'erreurs, je dois donc éviter une société où j'ai tout à craindre. Un secret remords s'empara tout à coup de mon cœur; je rougis de ma conduite passée, je pris une forte résolution de rentrer dans mon devoir. Trois jours après, je partis secrettement de Paris pour Lyon. Je fus me jetter aux pieds de mon pere, qui me pardonna, & je vis maintenant dans une parfaite tranquillité d'esprit & de cœur.

SUITE DE LAÏS PHILOSOPHE;

OU

SENTIMENS

DE REPENTIR

DE MADAME D***:

IMITATION DU ROI PROFÉTE PÉNITENT.

NOUVELLE EDITION.

A BOUILLON 1761.

CHEZ PIERRE LIMIER.

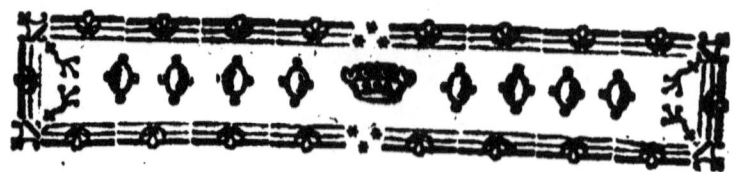

SENTIMENS DE REPENTIR DE M. D***.
A L'IMITATION DU ROI PROPHÉTE PE'NITENT. (*)

§. I. §.

Permettez ô mon Dieu ! que l'illustre Prophete
D'un cœur vraiment contrit devenu l'interpréte
Vous demande pour moi le pardon des péchés,
Qui par vôtre Esprit saint lui furent reprochés ;
De mes lâches tiédeurs, & de l'indifférence
Dont (& ce n'est pas-là Seigneur ! ma moindre offence)
J'ai payé votre amour, ce don si précieux,
Qui nous donnant la paix, peut seul nous rendre heureux.

(*) Ps. L.

Ah! lorsqu'à vos genoux je vous demande
grace,
Après tant de péchés, je m'accuse d'audace;
Mais quand je réfléchis, quelle est votre bon-
té,
L'ésperance succede à ma timidité;
Je bannis de mon cœur les trop vives allarmes,
Et c'est mon amour seul, qui fait couler mes
larmes;
Qui fait gemir ce cœur de crimes abreuvé,
Qui se repent enfin de vous avoir bravé.
Vous voyez à vos pieds une ame pécheresse
Que vous avez aimée avec tant de tendresse:
Sans peine, sans remords, elle a pû vous trahir,
Vous, qu'on doit seul aimer, & qu'elle a pû
haïr.
J'ai sans cesse entassé parjures sur parjures,
Rebelle au Créateur, soûmis aux créatures,
Esclave de plaisirs, & vains, & criminels,
Pour eux j'ai negligé l'honneur de vos autels;
Ardent à vous quitter, insensible à vos graces,
Je n'aimois que le Monde, & j'en suivois les
traces;
Je m'oubliois moi-même, & ne comptois pour
rien
Les devoirs attachés au titre de chrétien:
O mon Dieu, quel état! mais vôtre patience

De

REPENTIR DE M. D***

De mes égaremens a souffert la licence:
Elle a pû tolerer, au lieu de m'ecraser
Des crimes, que l'enfer pouvoit seul expier;
Vous agissiez en Pere, & vous m'aimiez de
                                        même,
Regardant en pitié l'aveuglement extrême,
Qui m'éloignoit de vous; loin de me rejetter,
Vous m'appelliez à vous, quand j'osois vous
                                        quitter.
Hélas! je reconnois vos bontés, & mes crimes,
Je deteste le Monde, & toutes ses maximes.
Par ses appas flatteurs mes crimes affermis
Rangent une ingrate parmi vos ennemis.
Daignez me pardonner, renouvellez mon ame,
Que vôtre amour divin la mette toute en flam-
                                        me,
Que de vous seul enfin mon cœur soit occupé,
D'un Monde séducteur qu'il soit bien détrompé:
Je reconnois pour moi vôtre bonté suprême,
Disposez de mon cœur, & faites, qu'il vous
                                        aime
Autant, qu'il a, Seigneur, osé vous offenser;
C'est un ardent amour, qui peut seul effacer
Tant de crimes commis: Oui, Seigneur, quand
                                        je pense
Qu'au lieu de m'accabler d'une juste vengeance
Vous vous êtes soûmis aux plus affreux tourmens

Pour m'en faire un merite en ces triſtes momens;
Que ces mêmes tourmens me lavent de mon crime;
Des plus cruels remords je me ſens la victime:
Agréez ma douleur, mon juſte repentir,
Et le déſir ardent que j'ai de vous ſervir.
Faites, que ce déſir regne ſeul en mon ame,
Et qu'aucun autre objet ne l'ocupe & l'enflame;
Anfin que vous aimant juſqu'au dernier ſoûpir
Elle puiſſe éſperer un heureux avenir.

§. 2. §.

Lorſque je réfléchis, que le Dieu, que j'offenſe,
A bien voulu ſuſpendre une juſte ſentence;
Que j'ai trop abuſé de ſes frequents bienfaits,
Je me ſens accabler du poids de mes forfaits,
Je vois qu'en entaſſant le crime ſur le crime,
Moi-même j'ai creuſé le redoutable abîme,
Où ſon juſte courroux doit me precipiter.
Je frémis des tourmens, que j'ai dû meriter,
Enfin quand je rapelle à ma triſte memoire
La depravation, dont je me faiſois gloire,
Ma lâche complaiſance à flatter mes déſirs,
Mon penchant à courir de plaiſirs en plaiſirs,

REPENTIR DE M. D***

Ce dégoût pour vos loix, pour vous, pour la prière,
Ah! que j'ai peu rempli dans toute ma carriere
Les devoirs du chrêtien, que j'ai trop negligés;
Entrainée par le Monde & par ses préjugés
Je m'éloignois de vous, craignant de vous entendre.
Et pour ne pas repondre à cette voix si tendre
Qui m'appelloit à vous, dure envers le prochain,
Complaisante pour moi seul, pour les autres hautain,
Sans pitié pour le pauvre, ambitieuse, volage,
Prompte, & colére, enfin je n'ai fait d'autre usage
Des bontés, dont toûjours vous m'avez prevenû,
Que pour me dégager des loix de la vertu:
De ma perte occupée je m'oubliois moi-même,
Contre moi j'agissois, & contre un Dieu qui m'aime,
Au lieu de travailler à faire mon bonheur,
Je me suis abîmée dans un gouffre d'horreur.
Oui, quand je réfléchis à mes péchés sans nombre,
Je crois voir le tonnére en un nuage sombre
Tout prêt à me frapper; ou bien un grand rocher
Qui panchant sur ma tête, est prêt à m'écraser.
Vous seul, vous me pouvez préserver de l'abîme,
Que je me suis creusé moi-mème par le crime;

Vôtre

Vôtre bras tout puissant peut seul me garantir
De ce monstre cruel, tout prêt à engloutir :
Quoique mon cœur en vous ait toute confiance,
Cependant je le sens tomber en defaillance ;
Je me crois voir déja devant le tribunal,
Entendre prononcer un arrêt trop fatal ;
Seigneur ! j'ai merité toute vôtre colére,
Je suis rebelle, ingrate envers le meilleur Pere,
Je me suis soulevée contre le Roi des rois :
Pour punir mes péchés tout eléve sa voix.
Je suis par mes forfaits devenue trop coupable
Pour reclamer d'un Dieu la clemence adorable.
Vous pouvez pardonner ; Vous pouvez me pu-
   nir ;
Mais comment presumer en ce jour, d'obtenir
Mon pardon de celui, que j'ai, malgré sa grace,
Offensé tant de fois, & même avec audace ?
Que de raisons pour craindre un juste chatiment !
Je n'ai point profité de cet heureux moment,
Que m'offroit sa bonté pour faire penitence,
J'étouffois mes remords, & faisois resistance
A la voix, qui m'ouvroit le chemin du salut ;
Plaire au monde, c'étoit de mes vœux le seul but ;
Et je me suis enfin précipitée moi-même
Dans ce gouffre d'horreurs, dans cet abîme
   extrême.
A ce juge irrité qui parlera pour moi ?

REPENTIR DE M. D***

Dans ce jour decisif, & si rempli d'effroi?
Si ce n'est la grandeur de sa Misericorde,
Je n'aurai le pardon, qu'elle ne me l'accorde.
A quel autre qu'à Dieu pourrois-je m'addresser?
Quel autre en ma faveur voudroit s'intéresser?
Tout sujet, dont l'audace ose irriter son maître,
Abandonné de tous est proscrit comme un traître;
Ses proches, ses amis, declament contre lui,
Son nom est en horreur, il n'a plus nul appui;
On voit avec plaisir préparer le supplice,
Qui punit ses forfaits, & confond sa malice.
Celui, que j'ai trahi, dont j'attaque les loix,
Est le Maître du Ciel, le Souverain des Rois,
Comme au plus haut des Cieux il regne sur la
                                            terre,
Il peut à chaque instant me lancer son tonnere,
Il connoît de mon cœur le plus secret repli,
Il sait ce que j'ai fait, & que je l'ai trahi,
On ne peut devant lui ni se cacher ni feindre,
Je ne saurois le fuïr, il peut toûjours m'attein-
                                            dre;
Il peut, & doit, punir mes désirs criminels
Par des feux dévorans, par des maux éternels.
Malheureuse que je suis! quelle est donc ma
                                            pensée?
Créature orgueilleuse, infidele, insensée!
Des bienfaits de ton Dieu tu perds le souvenir,

Et tu ne crains donc plus ce terrible avenir?
Oseras-tu risquer de retomber encore
Dans ces crimes affreux, que ce Dieu juste ab-
       horre?
Ah! Seigneur, je fremis, & mes justes douleurs
M'ôtent la liberté de répandre des pleurs;
Interdite & confuse, l'état où je me trouve,
M'empêche d'expliquer les tourmens, que j'é-
       prouve.
Grace, grace, Seigneur! aîez pitié d'un cœur,
Qui de vôtre disgrace a senti la rigueur.
Hélas n'accablez pas une ame inconsolable!
Qu'elle ait pour le peché ce dégout véritable,
Qui d'un supplice affreux peut seul la garantir,
Et retenir encore le coup prêt à partir.
Qu'elle l'évite, ô Dieu, par une fraïeur sainte
Par l'amour, dont pour vous elle se sent atteinte;
Qu'elle déteste enfin ses fautes, ses forfaits,
Qui la rendroient ingrate envers vous à jamais:
Enfin daignez, Seigneur, me donner cette crainte,
Que du plus pur amour mon ame soit atteinte,
Pour que je puisse un jour chanter avec les Saints
Ces graces, ces bienfaits, que répandent vos mains
Que je puisse avec eux d'une voix unanime
Célébrer le Seigneur, qui pardonne le crime,
Et par moi-même enfin montrer à l'univers,
Jusqu'où va la bonté du Maître, que je sers.
       §. I. §.

§. 3. §.

C'est en vôtre présence, ô Dieu! que je con-
fesse,
Que mon cœur ne peut point surmonter sa
foiblesse,
Qu'il est dans ses liens en esclave arrêté,
Et que vous pouvez seul le mettre en liberté;
Oui, mon Dieu! c'est vous seul dont la main
secourable
Peut briser les liens, qui me rendent coupable.
Et ce n'est que muni de vos dons precieux,
Que je puis sans rougir me montrer à vos yeux.
Ce Cœur par le penchant s'étoit laissé séduire,
Et lorsque la raison le devoit mieux instruire,
L'habitude, & le vice ont vaincu la raison,
L'ont séduite, egarée, & comme du poison
Se sont subitement répandus dans mon ame,
L'ont couverte en entier comme une lépre in-
fame,
Et se sont tellement emparés de mon cœur,
Que moi-même en ce jour j'en suis saisi d'hor-
reur.
Je veux, mais foiblement, meriter vôtre grace,
Mon cœur est trop pervers, & je suis tout de
glace?
Je suis une brebis échapée au berger,
Qui même en le cherchant craint de le retrouver.

O mon

O mon divin Pasteur ! daignez m'aider vous-même,
Venez me secourir dans ce peril extrême !
Si vous m'abandonnez, quel sera mon appui ?
Ah ! mon Pere, daignez m'accorder aujourd'hui
Vôtre protection, que seule je désire ;
Et soutenez ce cœur, qui pour vous seul soupire !
Comme l'enfant prodigue, helas ! j'ai sans raison
Pour suivre mes erreurs, quitté vôtre maison,
Oubliant ce respect, qui t'est dû ô mon pere,
Je n'ai jamais rien fait, qui n'ait dû vous déplaire,
Qui n'ait dû m'accabler de vôtre inimitié ;
De mes maux cependant vous avez eû pitié.
Tandis qu'en cet état mon ame étoit réduite,
Vous me cherchiez toûjours, & vous plaigniez ma fuite,
Et loin de repugner à me tout pardonner
Vous-même me pressiez de vouloir retourner ;
Mais cet amour mondain, dont j'étois la victime,
En m'éloignant de vous m'entraînoit dans le crime,
Craignant la pénitence, & fuïant sa rigueur
Je fuïois le retour, j'en avois même horreur.
O trop aimable époux de mon ame infidéle !
Vous avez chaque jour voulû triompher d'elle,
Vous n'avez point cessé de l'aimer un moment,
Vous avez suspendû le juste châtiment,

Qu'el-

Qu'elle avoit merité ; c'est à vôtre clémence,
Qu'elle doit ce délai d'une juste vengeance ;
Vôtre amour, ô Seigneur ! a différé son sort,
Et l'arrache lui seul à l'éternelle mort.

Que ce divin amour la rende plus fidéle,
Et ne permettez pas, qu'elle soit criminelle.
A l'amour du péché qu'elle sente en ce jour
Succeder les transports du feu de vôtre amour ;
Que le sang de mon Dieu repandu pour mon ame
Entretienne l'ardeur de ma brulante flamme :
Ce sang versé pour moi par un excès d'amour,
De l'amour le plus pur exige le retour.

O côté de mon Dieu, d'où le fer d'une lance
Fit sortir avec l'eau le sang de l'alliance,
Servez-moi de refuge, & d'asile assûré !
Et vous terribles clous, qui sur un bois sacré
Fites mourir mon Dieu pour expier mes crimes,
Venez percer mon cœur des remords légitimes.
Que doivent m'inspirer l'excès de ses bontés,
Sa lumiére & ses dons si souvent rejettés !
Que du Sauveur mourant la douloureuse image
Se gravant dans mon cœur, je rende un tendre
                                    hommage
A ce Dieu mort pour moi dans l'excès des tour-
                                    mens,
Et que j'abhorre enfin tous mes égaremens.

§. 4. §.

§. 4. §.

Malgré tous les excès de mon ame enivrée,
Et que jusqu'à ce point elle s'y soit livrée,
Que l'endurcissement ne lui permettoit plus
D'abandonner le crime & suivre les vertus;
Vous m'avez éclairé du flambeau de la grace.
J'ai vû le noir sentier, dont je suivois la trace,
Mes yeux se sont ouverts pour reconnoître enfin
Après tant de péchés, quel seroit mon destin:
Il est à tout moment present à ma pensée,
Je connois les erreurs de mon ame insensée.
Pourrois-je donc encor, puisque je les connois,
Que je ressens l'horreur d'avoir bravé vos lois,
Pourrois-je différer de faire pénitence,
Quand vous me pardonnez avec tant de clé-
      mence,
Lorsque vôtre bonté vient me mettre en état
De detester mon crime, & cesser d'être ingrat?

Je puis par mes regrets calmer vôtre colere,
Je puis me corriger, & ne vous plus déplaire,
Eh quoi! voudrois-je encor différer un moment
De sortir sans retour de mon égarement.
Et qui me repondra, lorsque je fuis la grace,
Que vous différerez de punir mon audace.
Si dans ce triste état j'eusse subi la mort,

      Quelle

Quelle eût été, grand Dieu! la rigueur de mon sort?
Tous ces feux, qu'alluma la divine vengeance,
Dans une éternité puniroient chaque offense:
Mais malgré mes forfaits, & quoique de mon cœur
Vous aïez éprouvé la coupable tiédeur,
Vous avez eu pitié de mon ame égarée;
Des bras du seducteur vous l'avez retirée,
Et vous avez permis, que j'aïe enfin connu,
Combien je m'éloignois des loix de la vertu;
Vous m'avez fait sentir le poids de chaque crime,
Qui me faisoit tomber dans cet affreux abime,
Où sans vôtre bonté j'aurois déja péri;
C'est par vous seul enfin que j'en suis à l'abri:
Mais ne retardons plus de mériter la grace;
Différer à demain, ce seroit trop d'audace;
Commençons aujourd'hui, puisque nous le pouvons,
Qui peut savoir demain ce que nous deviendrons?
Demain vous me pourriez punir de ma paresse,
Abandonner mon ame à toute sa foiblesse,
Et me priver du saint & salutaire appui,
Auteur des mouvemens, que je sens aujourd'hui.

Ah!

Ah! mon Sauveur, venez sécourir ma foi-
bleſſe,
Affermiſſez mon ame, & rendez-la maîtreſſe
D'un cœur trop inconſtant & toûjours incliné,
A retourner au crime, auquel il s'eſt donné :
Que toûjours mes péchés préſens à ma penſée
Excitent les remords dans mon ame affligée,
Et que mon repentir abaiſſant mon orgüeil,
Je puiſſe vous louer juſque dans le cercüeil,
De ce que vous avez encor daigné m'attendre,
Et me forcer enfin, vous-même, à vous entendre !

Quoi ? ſe pourroit-il donc, mon Dieu !
mon Créateur !
Que de vous offenſer j'eûſſe encor le malheur ?
Après tant de bienfaits, tant de graces céleſtes ;
Pourrois-je retomber dans les erreurs funeſtes,
D'où vient de me tirer vôtre ſécours divin ?
De retourner au crime aurois-je le deſſein ?
Quoi ? je pourrois encor vous declarer la guerre ?
Moi ? qui devant mon Dieu ne ſuis qu'un ver
de terre :
Hélas ! dans mon néant qui peut me ſoûtenir,
Si je force moi-même mon Maître à me punir ?
Oui, mon Dieu ! je me dis mille fois à moi-
même,
Que c'eſt vous ſeul, qu'il faut que je craigne,
que j'aime ;

Mais

Mais que puis-je, ô mon Dieu! si vous m'a-
  abandonnez;
Si par vôtre sécours vous ne me soûtenez;
Vôtre grace peut seule étaïer ma foiblesse,
Et me purifier de tout ce qui me blesse.

Rendez-moi donc fidéle à vôtre sainte loi,
Augmentez mon amour, fortifiez ma foi,
Detruisez, ô mon Dieu! la criminelle pente,
Qui ramene au péché mon ame pénitente;
Que tous ces vains plaisirs, dont j'étois en-
  chanté,
Fassent place aux remords de mon cœur agité!
Si je fais quelque vœux, que ce soit pour vous
  plaire,
Que toûjours dans mon cœur un repentir sin-
  cere
Rejette tout désir, qui vous est odieux,
Prêtez-moi, pour le vaincre, un sécours genereux;
Que toûjours attentif, à ne vous point déplaire,
J'aïe pour les plaisirs un dégout salutaire;
Que j'y trouve toûjours une opposition,
Qui force enfin mon cœur d'écouter la raison!
Menez-moi, comme un guide, aussi sûr que
  fidéle,
Dans le sentier étroit de la vie éternelle;
Que je puisse éviter ces cruels assassins,

Qui cherchent à me joindre à leurs affreux destins;
Mon Dieu! ne mettez point de bornes à la grace,
Et fondez de mon cœur la trop coupable glace.
Il ne peut, je le sai, meriter vos bienfaits;
Il est coupable, ingrat & souillé de forfaits:
Que vôtre seul amour vous serve de mesure,
Lui, qui vous fit de l'homme adopter la nature,
Qui vous a fait souffrir des affronts si cruels,
Par qui seul sont absous jusqu'aux plus criminels;
Que ce divin amour envers mon Dieu m'acquitte
Du sang, qu'il a versé, j'implore le merite!

Mon Dieu! que vôtre amour supplée à mon amour!
Que vôtre feu divin m'embrase dans ce jour:
Que, d'être à vous, mon cœur ait le bonheur suprême,
Et puisse mépriser tout ce que le Monde aime:
Que vôtre charité s'empare de mon cœur,
Et par vôtre onction en soûtienne l'ardeur;
Afin que connoissant la grandeur de mes crimes
D'un cœur humilié je suive les maximes,
Et que mon repentir envers un Dieu si bon,
Puisse de mes péchés obtenir le pardon!

§. 5. §.

§. 5. §.

Je me suis revoltée dans le fond de mon cœur,
Contre vous, ô mon Dieu! contre mon Créateur;
J'ai fait à vôtre amour la plus sensible injure,
En prodiguant le mien à vôtre créature;
Je menageois le monde, & bravois le malheur
De me rendre odieux à mon divin Sauveur,
Dont tant de fois mon ame a rejetté la grace
Avec une orgueilleuse & criminelle audace;
Hélas! je ressemblois aux sepulcres blanchis,
Ces superbes tombeaux, dont l'orgüeil fait le prix,
Frivoles monumens d'une folle depense,
Où brille le porphire & la magnificence:
Qui malgré leur éclat ne renferment en eux
Qu'un corps mangé de vers, & qu'un cadavre hideux.
Je voulois me cacher le remords qui me ronge,
Et m'endormois ainsi sur ce fatal mensonge;
Je voulois conserver ma réputation
En sauvant l'apparence, en sauvant le soupçon;
Mon orgüeil satisfait de ce frêle avantage
Etouffoit ces remords, dont le conseil si sage
Etoit trop importun, pour satisfaire un cœur
Plongé dans le péché sans en avoir horreur.
Malheureuse! c'est ainsi que mon ame égarée

Par une fausse paix s'est souvent rassurée,
De la loi de mon Dieu ne voulant rien savoir,
Criminelle en secret, & contente de me voir
Estimée d'un public qui me rendoit hommage
Pour quelques vains dehors, & pour son avantage.

Quoi ? parceque mon crime est peut-être secret,
Dois-je en être affranchie d'un trop juste regret ?
Ai-je pû des remords étouffer le murmure ?
Non. Quoiqu'on ignorât, que je suis une parjure,
Je le sentois trop bien, pour que mon triste cœur
N'en detéstât le titre, & ne l'eût en horreur.

Mon Sauveur, & mon Dieu ! pardonnez-moi mes crimes,
Brûlez mon cœur du feu de vos graces sublimes,
Afinque les bienfaits à nos peres promis
Aujourdhui par vous-même en moi soient accomplis :
Ne me punissez pas selon vôtre justice,
Et ne me livrez pas à l'éternel suplice ;
Je connois mon néant, & je vois aujourdhui
Que je m'efforce envain sans Dieu, sans son appui :
Que je n'ai d'autre éspoir qu'en sa misericorde,
Et que pour me sauver, il faut qu'il me l'accorde.
Hélas ! que deviendrois-je en ce jour plein d'éffroi

Si

Si ce juge éclairé n'avoit pitié de moi,
Si sans compassion, ce Dieu juste & terrible,
Ce Dieu, que j'offensai, devenoit inflexible !
Rien ne peut dissiper ma trop juste terreur ;
Vôtre seule promesse, ô mon divin Sauveur !
Peut rassurer mon ame incertaine, eperdüe,
Qui n'ose, qu'en tremblant, lever sur vous la vûe.
Effraïée du destin, que j'ai trop mérité,
Mon unique ressource est en vôtre bonté.
Dans la nuit du péché mon ame ensevelie,
Vous ayant offensée tout le tems de ma vie,
Croïoit que son desordre aux mortels inconnu
A leurs regards trompés tiendroit lieu de vertu.
Quelle confusion, & quelle honte extrême !
Mes crimes sont connus de cet Etre suprême ;
Il n'est que trop constant, qu'il a vû mon péché,
Rien à ses yeux perçans ne peut être caché.
On ne peut vous tromper, mon Dieu, par l'apparence,
Vous lisez dans un cœur ce qu'il veut, ce qu'il pense ;
Je ne pouvois former un désir criminel,
Que vous ne le vissiez dans ce cœur sensuel :
Ainsi donc j'offensois vôtre bonté divine
Succombant à vos yeux, au goût qui me domine.
Ce n'est pas seulement, ô mon divin Sauveur !

La grandeur des forfaits, qui blesse vôtre cœur,
Comme vous êtes saint, toûjours pur, toûjours sage,
Vous haïssez le crime, & même son image;
Pour remplir nos devoirs, les moindres lâchetés,
La paresse & l'orgueil, par vous sont detestés.
Vous voyez des erreurs, que j'apperçois à peine;
Combien de fois je céde au torrent, qui m'entraîne,
Je prends mille péchés, que je devrois matter,
Pour des scrupules vains, que je puis rejetter,
Et pour ne pas troubler le repos de mon ame,
Je crois même innocente une conduite infame,
Sans réfléchir jamais au supplice éternel,
Que me peut attirer ce repos criminel,
Sans penser que je suis dans le chemin du crime;
Que l'Esprit tentateur a toûjours pour maxime
De ne point hazarder d'attaquer brusquement,
Mais de nous entraîner imperceptiblement,
Nous éloignant de vous, nous privant de vos graces,
Et cachant avec soin, que nous suivons ses traces:
C'est par la moindre erreur, sans s'en appercevoir,
Qu'on pérd le ciel de vûë oubliant son devoir,
Et qu'enfin endurci dans une erreur funeste

On

On ne peut s'arracher au penchant qu'on deteste.
On tombe dans l'abîme, & capable de tout
On pousse de son Dieu la patience à bout.
Ne permettez donc pas, ô Dieu plein de clemence
Qu'aïant au tribunal, qui remet chaque offense,
Accusé mes péchés avec contrition,
Et que vous en aïant demandé le pardon,
Pour en commettre encor mon cœur soit assez lâche,
Et puisse se souiller d'une nouvelle tache;
Non, non, plus de péchés. Mon Dieu! pardonnez-moi,
Que de vôtre promesse on connoisse la foi,
Pardonnez! en vous seul je mets ma confiance,
Vôtre miséricorde est ma seule éspérance;
J'aimerois mieux mourir que de vous offenser:
De grace, empêchez-moi seulement d'y penser;
Hélas! je ne puis rien sans vous, sans vôtre grace;
Si vous ne l'échauffez, mon cœur sera de glace;
Daignez donc soûtenir le propos, que je fais,
De ne plus, ô mon Dieu! vous offenser jamais;
De ce feu tout divin embrâsez donc mon ame,
Que je sois consumé de vôtre sainte flamme,
Qu'elle éteigne en mon cœur les désirs criminels,
Pour ne plus l'attacher qu'à des biens éternels;

Ne me puniſſez pas de mes erreurs funeſtes,
Et faites-moi joüir de vos faveurs céleſtes:
Pardonnez, pour montrer vôtre fidélité,
Et des oracles saints, quelle est la verité.

§. 6. §.

Mon Dieu! que des humains la miſére eſt extrême!
Nous ſommes tous conçus par une loi ſuprême
Coupables devant vous du crime originel:
Je ne l'ai point commis, & je ſuis criminel.
Dieu nous avoit proſcrits, mais ce Dieu, qui nous aime
Eſt venû nous laver dans les eaux du Baptême;
Ces ſalutaires eaux nous ont régenerés,
Et des feux éternels nous aîant préſervés,
Nous ouvrent le chemin du Roîaume céleſte,
A moins que le péché par un penchant funeſte
Ne nous chaſſe à jamais de cet heureux ſéjour,
Qu'un Dieu nous préparoit par ſon divin Amour.
Puis-je rendre, ô mon Dieu! vôtre clémence vaine,
Succomber ſans remords au péché, qui m'entraîne,
Oublier vos bienfaits, vôtre loi, mon devoir,
Et de vous voir un jour, abandonner l'éſpoir?

Quel

REPENTIR DE M. D***

Quel est mon infortune ! hélas ! lorsque j'y pense,
Mon Dieu m'avoit rendû ma premiere innocence,
Cependant j'ai perdû ce trésor précieux,
Et je me suis souillé par des péchés affreux.
Mon ame, ô mon Sauveur ! avoit été conçue
Par le prémier coupable, corrompuë,
Vous l'aviez effacé sans qu'elle ait profité
De cette grace insigne, & de cette bonté :
Par quel bonheur, Seigneur ! ai-je merité d'être
Au nombre des élus, dignes de vous connoître ?
Tant d'autres cependant auroient bien mieux que moi
Merité cette grace, en suivant vôtre loi.
Quelle est pour tous vos soins l'horrible ingratitude,
Dont mon ame sembloit, s'être fait une étude ?
Je devois vous aimer & n'ai pû vous haïr,
A vôtre sainte loi j'ai pû désobéïr,
J'ai fermé dans l'excès de ma folie extrême
Tout accès dans mon ame à l'auteur de moi-même ;
Que ne dois-je pas craindre ? & comment excuser
Des crimes, dont il faut devant Dieu m'accuser ?

Ma conscience emuë en sent tout le reproche,
Elle veut, que mon cœur de son Dieu se rapproche;
Mais que puis-je éspérer, puisque vôtre bonté
Ne sauroit l'emporter sur ma perversité?
Créature orgueilleuse, encore ingrate,
Je voudrois vous aimer, mais le péché me flate;
Je cherche à dissiper de trop justes remords;
Et pour vous oublier je fais tous mes efforts:
C'est en vain que mon ame est quelque fois contrainte,
De céder à la grace, & d'en sentir l'empreinte,
Dans ce que fait sans cesse un Dieu pour la toucher;
J'ai beau voir mon désordre, & me le reprocher,
Lorsque j'en veux sortir je me sens à la gêne,
Ma résolution est trop foible, elle est vaine;
Je n'ai point de ferveur, je suis tout abatu,
Et ne puis me résoudre à suivre la vertu.
Mon ame est devant Dieu telle qu'une étrangere,
Qui ne sait point parler la langue nécessaire;
Je ne saurois trouver de termes dans mon cœur:
Cette ame infortunée autant que pècheresse,
Ne sent que les dégoûts, l'ennui, la sécheresse.

Serai-

Serai-je donc toûjours occupée des objets,
Qui me condamneront à d'éternels regréts ?
Quoi ? c'est donc vainement, que je vois l'artifice,
Qui par un beau chemin me conduit au supplice,
Et qui me séduisant d'un charme empoisonneur
Sous des dehors heureux, triomphe de mon cœur ?
Ne puis-je regarder la beauté veritable
Du céleste séjour, pour nous si désirable ?
Non, mon divin Sauveur ! si vous n'ouvrez mes yeux !
Ils ne pourront jamais s'élever vers les cieux,

Hélas ! pour mon malheur je me trouve semblable
Aux prisonniers sortans d'un cachot effroyable,
Qui trop accoûtumés à vivre dans la nuit
Ne peuvent soûtenir la clarté, qui leur luit ;
Après avoir vécu dans une nuit funeste
Je ne puis regarder vôtre beauté céleste,
Je ne puis soûtenir vos rayons éclatants :
Donnéz-m'en le moyen, de vous seul je l'attends,
Attirez-moi vers vous par cet amour suprême,
Je n'appartiens qu'à vous, faites, que je vous aime ;

Ne permettez donc plus, que cet esprit d'erreur
Triomphe de mon ame, & séduise mon cœur:
Comme je suis à vous; à vous seul je m'ad-
dresse,
Gardez-moi des dangers, secourez ma foiblesse,
Daignez sur moi jetter un regard paternel,
Qui puisse me sauver du trépas éternel,
Après tant de bontés, dont mon ame est com-
blée,
Ne souffrez plus, grand Dieu! qu'elle reste
égarée.
Je me sens criminelle, je l'avoüe, il est vrai,
Mais je suis vôtre enfant, toûjours je le serai,
Vous m'avez adopté, vous m'avez donné l'être,
Vous m'avez accordé le bonheur de connoître,
Que vous êtes mon Dieu, mon Pere, & mon
Sauveur,
Ce sont ces titres-là, qui rassurent mon cœur;
Ainsi, mon Dieu! daignez excuser mon offense:
C'est avec le péché que nous prenons naissance;
Nous sommes tous conçus dans les iniquités,
Et nous ne pouvons rien, lorsque vous nous
quittez.
Mon doux JESUS! mon Dieu, mon adorable
Pere!
Portez sur mes péchés un regard moins sévére,
Sauvez-moi! vôtre bras peut seul me secourir,
Et sans lui je ne puis éviter de perir.

§. 7. §.

§. 7. §.

O mon Dieu ! j'ai toûjours ressenti dans moi-même
De la divinité la puissance suprême ;
Combien de fois, hélas ! ma conservation
M'a fait dans les dangers reclamer vôtre nom !
Mon ésprit, par la foi me donnoit à connoître,
Que vous êtes mon Dieu, que je vous dois mon être ;
Vôtre grace puissante imprimoit dans mon cœur
Les traits de vos bontés, & de vôtre grandeur :
Frappée de la splendeur de cet Astre suprême,
Qui pourtant n'avoit pû se former par lui-même,
Je voyois par mes yeux, qu'un Créateur puissant
Avoit pû seul créer cet être surprenant :
De ces corps merveilleux le magnifique ouvrage
M'annonçoit un auteur aussi puissant que sage,
J'ai connû cet auteur, leur créateur, le mien.
J'ai senti, qu'il étoit le seul souverain bien ;
Sa voix qui penetroit jusqu'au fond de mon ame,
M'a dit en le gravant avec des traits de flamme,
Que je dois être à lui, qu'il me comble de biens,
Que j'existe par lui, qu'à lui seul j'appartiens.

Je voulois lui donner mon ame toute entiere :
Mais j'ai suivi bientôt toute une autre carriere,
Du sentier où j'étois, j'ai detourné mes pas ;

J'ai cherché d'autres biens ne les connoissant
pas;
J'ai suivi de mon cœur la coupable inconstance,
La vertu me prêtoit en vain son assistance,
Des amis corrompus m'entraînoient malgré moi,
En flattant mes défauts, ils attaquoient ma foi:
Mon ame du poison des vains plaisirs atteinte
S'éloignoit de son Dieu, sans remords & sans
crainte;
Au point qu'il a fallû pour retourner à lui,
Que je fusse rongé de chagrins & d'ennui,
Et que Dieu par bonté frappât ce cœur coupable
Par des adversités, dont la rigueur l'accable;
Pour lui faire quitter ces chemins corrompus,
Et pour le ramener au sentier des vertus;
Oui, pour me convertir, vous frappiez sans
m'entendre
Sachant, que de vos coups je voulois me défen-
fendre:
Sachant qu'en consultant un frivole désir
Mon cœur à ces revers n'auroit pû consentir;
Vous m'avez enlevé, mes amis, ma fortune,
Vous ne m'avez laissé, que ce qui m'importune;
Vous m'avez présenté des spectacles affreux,
Vous m'avez allarmé par des maux dangereux;
Confuse, humiliée, d'avoir perdû ma gloire
J'ai vû mes ennemis célébrer leur victoire:

D'amis,

D'Amis & serviteurs inconnûe, delaissée
J'implorois leurs sécours; mais je fus refusée.
Tout l'univers enfin m'est devenu contraire,
Je ne pouvois m'aider, je ne savois que faire;
Je ne savois pas même où jetter mes regards,
Et je ne rencontrois qu'horreurs de toutes parts;
Mon cœur dans cet état de douleur, de misère,
Etoit comme un roseau, que les vents en colére
Font le triste jouet de leur rage affreuse;
Malheureuse, criminelle, à moi-même odieuse:
Le deséspoir etoit mon unique ressource,
Et bien loin de guérir tant de maux dans leur
source
Je voulois follement punir mes ennemis,
De l'état déplorable où le ciel m'avoit mis.
Loin de remédier à mon désordre infame,
A de nouveaux désirs j'abandonnois mon ame,
Le crime avoit pour moi toûjours le même ap-
pas,
Je détestois mes maux; & je ne sentois pas,
Que de vôtre bonté venoit toute ma peine,
Qui m'indiquoit comment appaiser vôtre haîne.
Au plaisir vous m'avez arraché malgré moi
Connoissant ma paresse à suivre vôtre loi,
Sachant que je n'aurois jamais eû le courage
De rompre mes liens pour sortir d'ésclavage;
Dans l'asile où je suis, vous m'avez seul conduit

Pour parler à mon cœur dans ce sacré reduit,
Pour vous faire écouter, & m'apprendre à connoître,
Que vous voulez, mon Dieu ! vous seul, être mon maître ;
Que je renonce au monde, aux plaisirs, à l'erreur,
Pour que vous regniez seul dans le fond de mon cœur :
C'est vous, qui pouvez seul rendre mon ame heureuse,
Connoissant de mes maux la source dangereuse,
Ils feront bientôt place à la tranquillité,
Si je sers mon Sauveur avec fidelité.
C'est dans ce lieu si saint que je puis toûjours être
A l'abri des erreurs, que je viens de connoître,
Où je puis amasser ces trésors précieux,
Qui nous font mériter le royaume des cieux.
Mon Dieu ! je vous rends donc & mille & mille graces
Des maux que j'ai soufferts, de toutes mes disgraces :
De m'avoir enlevé ce qui m'étoit si cher,
Puisque je ne pouvois encor m'en détacher ;
Echauffez, ô mon Dieu ! mon amour & mon zéle,
Faites que je vous sois jusqu'à la mort fidéle,
Que mon cœur soit à vous, sans plus se partager,
Qu'il

Qu'il ne soit plus volage, inconstant, ni léger.
Vous avez dissipé les ténèbres de l'ame,
Que vôtre amour divin à chaque instant l'enflamme,
A fin que méprisant le monde & ses faux biens,
Elle rompe à jamais ses dangereux liens.

§. 8. §.

Vôtre grace puissante est ma seule éspérance,
Je sai, que j'ai commis offense sur offense;
Mais malgré ce qui peut irriter contre moi
Un Dieu, dont le courroux doit me glacer d'éffroi,
Je ne puis m'empécher dans ma douleur amère,
D'exposer à ses pieds l'excès de ma misère;
Oui mon Dieu! mon Sauveur! mon unique recours!
Sans vous, sans vôtre grace, & sans vôtre sécours
En vain je me dispose à faire pénitence,
Je me propose en vain d'expier chaque offense:
Vous savez mieux que moi, quels sont mes sentimens,
Et si je veux sortir de mes égaremens.
Souffrez donc, ô mon Dieu! que mon cœur vous conjure,

c   D'avoir

D'avoir quelque pitié de vôtre créature :
Delivrez-la des fers d'un monde séducteur,
Que les piéges cachés de l'Esprit tentateur,
Dont je sens, que j'ai peine encore à me dé-
                                    fendre,
N'étouffent point la voix, qui veut se faire en-
                                    tendre,
Et d'un Dieu, qui veut bien oublier mes forfaits,
Ne me fassent plus perdre & la grace, & la paix.
Mon Dieu ! purifiez de mon cœur la soüillure,
Lavez, lavez mon ame, afin qu'elle soit pure,
Elle recouvrera sa premiere splendeur
Lavée avec le sang de son Liberateur :
Je ferai pénitence avec un cœur sincére,
Bien loin de l'éviter, je la crois nécessaire ;
Hélas ! je m'en éloigne imperceptiblement,
Et mon ame la craint, en vous la demandant.

Mon Dieu ! qu'est-ce qui peut égaler ma
                                    foiblesse ?
Je crains d'abandonner ce monde, dont l'yvresse
Plait encore à mes yeux ; & malgré ma douleur
Je ne puis le quitter pour plaire à mon Sauveur ;
Je ne réfléchis point à la peine éternelle,
Dont je suis menacée, vous étant infidéle ;
Je serai de mon Dieu séparée pour toûjours,
Accablée de tourmens, sans éspoir, sans sécours !

Juste

Juste punition, mais incompréhensible,
D'être sourd à la voix de son juge inflexible.
Il ne faut qu'un moment, qu'un trépas imprevû
Pour me mettre hors d'état, quand je l'aurois voulu,
D'éffacer mes péchés en faisant pénitence;
Je ne pourrai changer ma derniere sentence,
Et je serai perdu dans ce gouffre d'horreurs,
Où les gémissemens, les plaintes, & les pleurs
De tant de criminels sont le juste partage,
Où le vain repentir, le deséspoir, la rage,
Le souvenir cruel de ses moindres forfaits
Sont un supplice affreux, qui ne finit jamais.

Mais hélas! c'est en vain, les pleurs sont inutiles,
Les sources de salut seront alors steriles,
Nos plaintes, nos soûpirs n'étant plus écoutés;
D'un Dieu qui nous aimoit, nous serons rejettés.
A quoi donc m'exposai-je? ô JESUS adorable!
A quel aveuglement à quel sort déplorable!
Quoi donc? pour un plaisir frivole & passager,
Dont le monde flattoit mon ésprit trop léger,
Que je n'ai pû goûter sans mélange, & sans peine,
Pour suivre mon penchant, mon caprice, ma haîne,

Pour céder aux défirs d'un cœur impétueux,
Pour pouvoir contenter mes vœux ambitieux,
Pour mieux subjuguer ceux, qu'une éfperance
vaine
Attachoit à mon char par une indigne chaîne,
Pour avoir le fuffrage, & l'encens d'un mortel,
Peut-être plus que moi méchant & criminel;
Pour pouvoir l'engager, le féduire, & lui plaire,
J'oubliois mon falut, ce point fi néceffaire;
Je me perdois fans crainte, hélas! & pour toû-
jours,
De ma foible raifon je fuïois le fécours.
Perdre d'un Dieu fi bon à jamais la préfence:
Se feparer de lui? . . . je tremble, quand j'y
penfe.
Mes éfprits effraïés ne fauroient s'arrêter
Sur ce trifte avenir, que je dois redouter,
Sur cette éternité de peine, & de fouffrance,
Sur ce fatal moment d'où dépend ma fentence,
Sur ce paffage enfin de la vie à la mort,
Qui doit en un inftant décider de mon fort.

Cependant, ô mon Dieu! qu'eft ce que nôtre vie?
Une vapeur, un fonge, un moment, qui s'ou-
blie:
Comparons ce moment avec l'éternité,

Il fait à peine un point de cette immensité.
Toute fois pour ce point, ce point imperceptible,
Je risquois un supplice, éternel & terrible,
J'avois tous les moyens de faire mon bonheur,
Et ne puis imputer qu'à moi tout mon malheur,
Dieu m'en laisse le choix en me laissant en vie,
Je puis me faire encore un sort digne d'envie;
Je puis trouver un rang parmi les bienheureux,
Ou souffrir dans l'enfer avec les malheureux;
Mais tel est de nos cœurs l'égarement extrême,
Qu'offensant nôtre Dieu nous nous perdons nous-mêmes
Sans pourtant ésperer d'être recompensés
Du monde, qui nous fuit comme des insensés;
Celui qui pour le monde arrange sa conduite,
Est méprisé du monde, & de ceux qu'il imite:
En manquant de vertu, de probité, de foi,
On a toûjours porté le mepris avec soi.
Ciel! quel aveuglement, & quelle erreur funeste!
Pour le monde on perd Dieu, ce monde nous deteste,
Nous méprisons un Dieu, qui peut nous protéger,
Et Dieu laisse aux mondains le soin de le venger,
Divin reparateur de l'humaine nature!
Mon ame vient de vous, faites qu'elle soit pure!

Penétré

Pénétrée de douleur & de confusion
J'implore vos bontés, j'invoque vôtre nom,
De vos justes rigueurs je serois la victime
Si je n'égalois pas la pénitence au crime;
Donnez-moi le loisir de corriger mon cœur,
De le purifier, de le rendre meilleur.
Ah! ne refusez pas d'écouter ma priere,
Mon ame est à mon Dieu, qu'elle y soit toute
entiére!
Qu'elle soit à jamais l'objet de sa bonté,
Et non le triste objet de sa severité.

―――――

§. 9. §.

Après m'avoir puni comme un Juge sévére
Daignez, ô mon Sauveur! me pardonner
en pere!
Je me sens pénétrée d'une sainte frayeur,
D'un regard consolant soûtenez-moi, Seigneur!
Dans la crainte, où je suis, ce n'est que vôtre
grace,
Qui peut calmer un cœur, que cette crainte
glace;
Oui, si de quelques ans je dois encor jouïr,
C'est pour verser des pleurs, & pour me re-
pentir;
De mes fautes, hélas! je dois gemir sans cesse,
Et

Et passer, ô mon Dieu! mes jours dans la tri-
stesse,
La priere, le jeûne, & la componction,
Pour pouvoir m'attirer vôtre compassion;
Car comment de mon Dieu contenter la justice,
Si sa grace pour moi ne suspend mon supplice;
Elle doit de mes vœux être l'unique but,
Sans elle je ne puis ésperer mon salut;
Mais mon cœur de son Dieu connoissant la clé-
mence
Dans sa miséricorde a tant de confiance,
Que j'ose le prier & de me prévenir
Dans ma conversion, & de m'y soûtenir,
De consoler ce cœur accablé de tristesse
En lui rendant d'un mot le calme & l'alégresse :
Oui, mon Pere, & mon Dieu, cette insigne
faveur
Dans un saint repentir assurera ce cœur.
Hélas! vous connoissez l'excès de ma foiblesse,
L'irresolution, les peines, dont sans cesse
Mon ésprit combattu se trouve inquieté,
C'est un sable mouvant, qui des flots agité,
Comme ces mêmes flots inconstant & fluide,
S'échape, & cede au poids d'un ouvrage solide.
Ce que vos graces font, le monde le detruit,
Ce monde que je hays, qui toûjours me pour-
suit.

Ainsi mon Dieu! sans vous je ne pourrai rien faire,
Tendez donc vôtre main à cette ame legére,
Consolez d'un seul mot ce cœur trop abatu,
Après l'avoir puni, montrez-lui la vertu,
Relevez-la, Seigneur! cette ame languissante,
Consolez-la vous même, & comblez son attente;
J'en suis sans doute indigne, & je le sai trop bien;
Nous devons tout à Dieu, mais il ne nous doit rien:
Tout-ce que j'ai souffert, venoit de vôtre grace,
Vous n'avez pas assez châtié mon audace;
Cependant j'ose encor, Seigneur! vous supplier
D'excuser mes erreurs, & ds les oublier:
Faites-moi part, mon Dieu! de vos douceurs célestes,
Dissipez dans mon cœur ces allarmes funestes,
Que lui donne le crime & son énormité,
Embrâsez-moi du feu de vôtre charité,
Elle peut donner seule une sainte assurance,
Et d'un pécheur contrit calmer la conscience;
Je confesse, mon Dieu! que ma tîmide voix
Vous demande aujourdhui bien des dons à la fois;
Mon cœur ambitieux sollicite, & soûhaite

Le

REPENTIR DE M. D***

Le bonheur refervé pour une ame parfaite ;
Je demande le prix d'un valeureux foldat,
Et je n'ai point encor commencé le combat,
Je ne fuis pas encore entré dans la carriere,
Et mon ame déja veut être la premiére,
Elle demande un prix qu'elle ne doit avoir
Qu'après avoir rempli conftamment fon devoir.
Mon Seigneur ! & mon Dieu ! que je fuis te-
        méraire !
Je n'ai que le défir impuiffant de vous plaire,
Pour operer le bien je n'ai nulle vertu,
Sous le poids de mes maux fans courage abattu,
Je fuis un abregé de la foibleffe humaine,
Un méprifable objet qu'on apperçoit à peine.
J'ai befoin qu'en ce jour vous faffiez tout pour
        moi ;
Qu'il vous plaife, ô mon Dieu ! de ranimer
        ma foi.
Daignez m'encourager, & diffipez l'yvreffe
De ces gouts criminels, qui m'obfedent fans
        ceffe,
Si vous daignez parler à mon cœur repentant,
Dans vôtre fainte loi déformais plus conftant,
Il fuivra vôtre voix, il reftera fidéle,
Rien ne ralentira fon ardeur & fon zele.
Vos confolations, vos faveurs ne font pas

De ces frivoles biens, qui n'ont qu'un faux appas,
Qui durent un inſtant; qui bientôt nous degoûtent,
Qui lorſqu'on en jouît, nous tourmentent; nous coûtent
Le repos, le bonheur, & ce bien ſouverain
Qui ſeul peut ſatisfaire & remplir nôtre ſein:
Vos douceurs ſont bien loin de degoûter une ame,
Plus elle connoit, plus le feu qui l'enflamme,
Rend ſon bonheur parfait, & ſait la garantir
De l'ennemi ſecret, qui veut la pervertir;
A tous les contretems elle eſt indifférente,
Et tout autre plaiſir n'a plus rien qui la tente;
L'adverſité, l'exil, l'abandon, le mépris
N'affligent plus un cœur de vôtre amour épris.
Il redoute plus l'orgueil de la naiſſance,
La jalouſe grandeur, la ſuprême puiſſance;
Rien ne peut le tirer de ſa tranquillité;
Au milieu des honneurs rempli d'humilité,
Et ne poſſedant rien, même dans l'abondance,
Il fait dans les revers admirer ſa conſtance.

Seigneur! voilà l'effèt des conſolations
Dont vous comblez les cœurs dignes de ces grands dons;
Mais hélas! ils ne ſont que pour une ame pure;

La mienne est criminelle, infidéle, parjure;
Les cœurs droits, les cœurs purs ne sont point éblouis
Par l'eclat de ces biens, que mon ame a suivis;
Ils attirent sur eux l'abondance des graces
Par leur persévérance à marcher sur vos traces:
Hèlas! j'en suis indigne, & cependant, mon Dieu!
J'ose par vôtre sang, offert dans ce saint lieu,
Vous demander, Seigneur, cette noble assurance,
Qui du cœur des Elus entretient la constance,
Dans mon cœur combattu retablissez la paix,
Et je célébrerai sans cesse vos bienfaits.

―――――

§. 10. §.

Ce n'est pas sans raison, mon Dieu! que je vous prie
De détourner vos yeux des erreurs de ma vie;
Que deviendrai-je, hélas! si sur tous mes écarts,
Si sur tous mes péchés vous jettiez vos regards?
Ha! je frémis d'horreur, lorsque je vois l'abîme,
Dans lequel je tombois entraîné par le crime,
Je frissonne, & malgré ces arrêts indulgens,
Que nous portons toûjours sur nos égaremens,
Mon ame épouvantée, interdite, éperdüe
Ne sauroit soûtenir cette terrible vûë.

Com-

Comment donc doivent-ils vous paroître,
Seigneur !
Vous mon Dieu ! qui voyez tous les replis du
cœur,
Vous, qu'on ne peut tromper; Vous, un miroir sans tache,
Saint des Saints, qui voulez qu'à vous seul on
s'attache ?
Comment aurez-vous vû mes coupables desirs,
Mon mépris pour vos loix, mon goût pour les
plaisirs ?
Ce grand livre de vie, où l'on lit tous les crimes,
Me fait trembler d'horreur, sachant que ces
maximes,
Que le mensonge enseigne, & que le monde suit,
Dans les derniers momens perdent tout leur
credit.
Vôtre Incarnation, vôtre Mort, vos souffrances
Ne pourront-elles pas expier mes offenses ?
Ce cœur ne pourra t'-il, quoique si criminel,
Contrit & repentant appaiser l'Eternel ?
Oui, vôtre Sang sacré peut effacer mes crimes,
Il peut fermer pour moi ces funestes abîmes,
Qui doivent engloutir ces malheureux mortels,
Qui vivent corrompus, & meurent criminels;
La bonté de mon Dieu fonde mon ésperance,
Au Sang de Jesus-Christ, j'unis ma pénitence

REPENTIR DE M. D***

Je confesse mon crime avec humilité
Et j'attends mon pardon de ce Dieu de bonté.

O Dieu! rempli d'amour pour vôtre créature!
Effacez mon offense, oubliez vôtre injure!
D'un criminel contrit aïez compassion,
Que de tous ses péchés il ait remission;
Il n'ose s'en flatter, de crainte d'être encore
Plus ingrat, qu'il ne l'est envers vous, qu'il implore;
Ces sentimens, auxquels il veut s'abandonner,
Ne rendent, à vous braver, son ame plus hardie,
Et ne mette le comble aux crimes de sa vie.

Mais mon aimable Maître! il me semble pourtant,
Que j'entends vôtre voix, que mon cœur se repent,
Qu'il regarde le ciel comme son héritage,
Comme un prix, qui des saints doit être le partage,
Qu'il cherche la vertu, sans laquelle la paix,
Qui fait nôtre bonheur, ne se goûte jamais;
Cette même vertu me servira de guide,
Elle rassurera mon ame trop timide,
Je ne veux triompher que sous ses étendarts;
De tous ces ennemis, qu'offre de toutes parts

Ce monde qui voudroit perdre mon innocence,
Et reprendre sur moi sa prémiére puissance,
Elle m'enseignera, de quel parfait retour
Je dois payer, mon Dieu! vôtre divin amour.
Elle garantira cette ame criminelle
De devenir jamais à vos loix infidéle.

Ha! détournez vos yeux, afin de ne plus voir
Cet amas de péchés, qui fait mon deséspoir!
Vôtre miséricorde, & vôtre grace extrême
Attendrissant mon cœur le rendront à lui-même,
Lui feront détester tous ses égaremens,
Auxquels succéderont les plus saints mouvemens.
Mon Seigneur! & mon Dieu! je serai si fidéle,
Que je reparerai mes fautes par mon zéle,
Et que mon repentir me rendra désormais
Digne de vôtre grace, & de tous vos bienfaits.

§. II. §.

Que pourrai-je sans vous? tous mes efforts
                              sont vains,
Quand j'aurois le pouvoir du plus grand des
                              humains;
Si vous me refusez vôtre divine grace,
Il n'est point de malheurs, que le mien ne sur-
                              passe;
                              Mais

Mais si mon Dieu créant un nouveau cœur en moi,
Eclaire mon esprit, & ranime ma foi,
Si de son saint amour il rechauffe mon ame,
Rien ne refroidira le désir qui m'enflâme :
Je jouïrai de biens, plus grands, & plus parfaits,
Que ceux qui pour mes sens avoient eu tant d'attraits.
Quel bonheur que celui d'une ame pure & nette,
Qui n'a point de remords, qui n'est point inquiéte !
Quelle felicité, de sentir que son cœur
De tant de passions est enfin le vainqueur !
Quel bien de reposer au sein de l'innocence,
Et de laisser en tout agir la providence,
De jouïr ici-bas de cet état heureux,
Vrai partage des saints, qui n'est que fait pour eux,
D'entrevoir sans désirs, sans peine, sans envie
Tous les jours differents qui composent la vie ;
De les voir arriver avec un cœur égal ;
Regarder du même oeil & le bien & le mal,
Et d'être en tous les tems qui partagent la vie,
Elevé sans orgueil, ami sans flatterie,
Faisant le bien pour Dieu sans ostentation,
Joignant la modestie à la devotion :
Vertueux sans hauteur, complaisant sans bassesse,

Et

Et charitable à tous par vertu sans foiblesse :
Car c'est-là vertu, de vouloir pour son Dieu
Sécourir son prochain en tout tems, en tout lieu,
De souffrir sans aigreur les chagrins, qu'il nous donne,
Sans s'en formaliser, sans s'en psaindre à personne,
Et sans se révolter, ni vouloir s'excuser,
Quand même sans raison on nous ose accuser,
Regardant tous ces riens avec indifférence
On est toûjours en paix au sein de l'innocence.
Ce sont là les effets que la vertu produit,
Ce sont là de la grace, & la preuve, & le fruit ;
L'ame toute en son Dieu, n'est plus en elle-même;
C'est Dieu, qui vit en elle, & fait son bien suprême.
Effets qui conduisez au salut éternel,
Faites vous ressentir à mon cœur criminel!
Que ce désir, mon Dieu ! vous puisse être agréaqle,
Achevez de changer ce cœur encor coupable,
Et de le rendre bon autant qu'il fut méchant ;
Opérez, opérez cet heureux changement :
Renouvellez en moi vôtre ésprit de justice
Athléte de la foi, j'entrerai dans la lice,
J'y combatrai mes gouts, ils sont mes ennemis,
Si mon Dieu me protege, ils seront tous detruits.

Tendez-

Tendez-moi donc, Seigneur! vôtre main sé-
=====courable,
Que dans son repentir mon cœur inébranlable
Malgré tous les travaux, qu'il y doit supporter,
Marche dans vos sentiers sans jamais s'écarter.
Ah! si malgré vos loix, dures en apparence,
Je poursuis mon chemin avec force & constance,
Je goûterai bientôt la douceur de vos dons,
De ces dons précieux que nous vous demandons.
Il est vrai que l'ésprit entreprend avec peine
Une route à laquelle aucun plaisir ne mêne :
Que dis-je? dans laquelle il ne voit que douleurs,
Mortifications, ennuis, dégoûts, langueurs;
Mais quoi? serai-je donc toûjours dans l'és-
=====clavage?
Sur mon devoir le monde aura-t-il l'avantage?
Suivrai-je cet aveugle, ardent à m'entraîner
Dans un gouffre du quel je cherche à m'eloigner?
Ne dois-je pas plûtôt chercher un guide sage?
Je n'ai que deux chemins, & c'est de leur passage
Que depend tout mon sort, & mon parfait bon-
=====heur?
L'un me conduit au Ciel, l'autre fait mon Mal-
=====heur;
Il n'est point de milieu : l'enfer avec ses flammes,
Ou partager le ciel avec les saintes ames.
Se pourroit-il, Seigneur! que pour si peu de jours
=====Je

Je veuille balancer entre ces deux séjours,
Et risquer de me voir par mon impénitence
L'objet de vôtre haine, & de vôtre vengeance?
Nonchalant, engourdi dans son oisiveté,
Mon lâche cœur fremit au nom d'austérité,
Il se revolte, il craint de faire pénitence,
Eh! quels sont les motifs de tant de repugnance?
Le cœur d'un pénitent goûte plus de douceurs:
Que le cœur de l'impie en corrompant ses mœurs,
Le cœur du pénitent, a la paix en partage;
Des bontés de son Dieu, ses pleurs lui sont le
gage;
La paix, qu'un pénitent gôute au pied de l'autel,
Est le commencement d'un bonheur éternel.
Ha! quelle est mon erreur! quelle est mon in-
justice!
Si je crois cet état privé de tout délice.
Le pécheur converti goûte au prémier moment
L'ineffable douceur d'un heureux changement,
Il est tout embrasé de cette ardeur céleste,
Il n'a point des remords l'amertume funeste,
Que les faux biens du monde ont toûjours avec
eux;
Toutes les croix pour lui sont des biens précieux,
Plus il en est chargé, plus il a d'avantage;
Quelque fois il se plaint à Dieu, qui le ménage;

Il

Il voudroit plus souffrir pour l'amour de son Dieu,
Et de tous les plaisirs ses maux lui tiennent lieu.

O mon Dieu ! donnez-moi la force & la constance,
Et je suivrai vos loix sans nulle repugnance.
Vous qui voyez mon cœur, ne me refusez pas
Vôtre grace; sans vous je ne puis faire un pas.
Vous connoissez mon ame, & toute sa foiblesse,
Augmentez le remords qui l'agite & la presse;
Car j'avoue, ô mon Dieu ! que je crains quelque-fois,
Ainsi qu'Adam pécheur, d'entendre vôtre voix,
Je crains de m'arracher au penchant qui m'entraîne,
Hélas ! à quel penchant ? il merite ma haîne.
Ne m'abandonnez pas à mon égarement !
Faites que je me donne à vous entiérement;
Prenez-moi pour l'objet de vos miséricordes.
Les crimes, les horreurs, les haînes, les discordes,
L'oubli d'un Dieu vivant pour encenser Baal,
Sont du monde le partage impie & fatal :
Mais je m'occuperai de mon heure derniére
Et me figurant être au bout de ma carriere
Je penserai sans cesse au terrible moment,
Où je dois d'un Dieu saint subir le jugement.

Que ne puis-je, effraié du sort qui me menace,
Par un vrai repentir, qui m'obtienne ma grace,
Suivre la loi d'un Dieu mort pour moi sur la croix,
Et plûtôt d'y manquer expirer mille fois.

―――

§. 12. §.

Je ne puis réfléchir sans un effroi mortel
Au malheureux état d'un pécheur criminel,
Dont l'endurcissement lasse vôtre clémence
Et vous fait retirer-votre sainte présence.
O mon Dieu ! cet excès de réprobation
Est funeste à tel point, qu'en vain la passion
De ces cœurs endurcis par la longue habitude
Et qui du crime font leur principale étude
Voudroit les aveugler au point de parvenir
A penser sans trembler à ce triste avenir.
Les travaux les plus durs, les maux les plus sensibles
Ne paroissent jamais ni cruels ni terribles
Pour un cœur qui vous aime, & qui peut recevoir
Vôtre divine grace ; Il n'a plus le pouvoir
De s'oublier soi-même au point de risquer d'être
Rejetté des regards de son Dieu, de son Maître.

O de tous les malheurs, le malheur le plus grand !
Amour des vains honneurs, de la gloire, du rang,
Orgueil, ambition, vengeance, ingratitude !
Vous ! qui nous attirez un supplice si rude,
Que vous causez de maux, cruelles passions !
Suivrai-je vos conseils, & vos impressions ?
Non, je romps avec vous, j'evite avec courage
Vos funestes attraits, vôtre triste ésclavage ;
De mon cœur, pour jamais, je vous chasse en ce jour,
Et je veux vous quitter sans éspoir de retour :
Il en est encor tems ; mais gardons-nous d'attendre,
Fuyons ces vains plaisirs, commençons d'entreprendre
Une vie, où le bien puisse effacer le mal ;
Je puis faire changer l'arrêt le plus fatal ;
Je puis tout éspérer de la miséricorde
D'un Dieu, qui par son fils nous l'offre, & nous l'accorde :
Le trésor de la grace est-il jamais fermé ?
Il est ouvert pour moi, puisqu'enfin j'ai formé
Le désir de changer, de faire pénitence,
Et de pouvoir par elle expier mon offense.
Mon cœur ! ne perdons plus ces précieux instans,
Si tu les rejettois, il n'en seroit plus tems :

d 3   C'est

C'est aux pieds de mon Dieu tout baignés de mes larmes
Que je dois confesser mes trop justes allarmes,
Au Sang de Jesus-Christ je veux mêler mes pleurs,
J'abjure pour toûjours mes coupables erreurs.
Il ne me suffit pas de demander ma grace,
Je veux me repentir, gemir de mon audace,
Et recevoir contrit avec soumission
Tout ce qu'exige un Dieu pour ma conversion:
Je n'imiterai point le malade indocile,
Qui ne veut pour guerir qu'un remede facile
Et qui prenant celui qui lui déplait le moins
Trompe du medecin & le zèle, & les soins.

Ne me rejettez pas loin de vôtre présence,
O mon Dieu! donnez-moi l'Esprit de pénitence,
Et ne retirez pas les sentimens d'amour,
De crainte & de douleur, que je sens dans ce jour;
Donnez-moi le vouloir effectif de bien faire
Et le désir ardent de ne plus vous déplaire,
Que sans cesse anime d'une sainte ferveur
Ma bouche soit toûjours l'interpréte du cœur!

Mon

REPENTIR DE M. D***

Mon Dieu! me tromperois-je? & voudrois-je peut-être
En imposer au monde, & par orgueil paroître
Tout autre, que je suis? faire pour lui le bien,
Sans songer, que vous seul êtes tout, qu'il n'est rien:
Que vous sondez avec parfaite connoissance
Les replis de mon cœur, & de ma conscience,
Que vous me jugerez selon mes propres faits,
Non sur les vains dehors qui masquent mes forfaits:
Et que quand j'aurai mis le comble à la mesure,
Le Créateur saura punir la créature;
Qu'alors je suis perdu pour une éternité
Ha! qui peut y songer sans être épouvanté?
Pour jamais condamnée, seroit-il donc possible,
Qu'à cet affreux *Jamais* je demeure insensible?
Puis-je le prononcer sans frémir, sans trembler,
Mon esprit le peut-il prévoir sans se troubler?
Ce point ne sauroit-il le fixer, le contraindre
A s'occuper toûjours des objets, qu'il doit craindre:
Serai-je pour moi seul toûjours trop indulgent
Sans réfléchir au sort, qui peut-être m'attend?
Oui, si je me jugeois, selon toute apparence,
J'aurois pour mon désordre une grande indulgence;

Mais

Mais c'est un Dieu, qui doit me juger, me punir,
De ces justes arrêts rien ne peut m'affranchir;
C'est ce Dieu, qui jamais ne refusa sa grace,
Et que j'ai rebuté par ma coupable audace.

   Ne me rejettez pas, mon Dieu! de devant vous,
Ne me retirez-point par un juste courroux
Vôtre Esprit, cet Esprit dont la vive lumiere
Anime, embrâse un cœur, le pénétre, l'éclaire,
Si j'ai vôtre Esprit Saint, s'il se repose en moi,
Rien ne pourra me faire oublier vôtre loi;
A mes fiers ennemis je serai redoutable,
Muni, vifié par son soufflé adorable;
Il répandra sur moi sa divine onction;
Le vase impur sera vase d'élection;
Ma pauvreté changée en d'heureuses richesses,
Et je serai l'objet de toutes vos largesses;
Vous le serez mon Dieu! de mes vœux les plus doux;
Fuyant les biens du monde, & ne cherchant que vous,
Docile à vôtre voix, & n'écoutant plus qu'elle,
Je suivrai le sentier de la vie éternelle.

Esprit

Esprit Saint, par qui seul nous operons le bien,
Vous, par qui sont unis d'un éternel lien
Le Pere avec le Fils, tous deux avec vous-même,
Echauffez-moi du feu de vôtre amour extrême !
Descendez dans mon cœur pour être mon soutien !
Avec vous je puis tout, sans vous je ne puis rien.

§. 13. §.

Vous ne permettrez pas, ô mon Dieu ! que mon ame
Puisse éteindre jamais ce feu saint, qui l'enflamme ;
Qu'après avoir encor daigné me sécourir,
Que dis-je ? après m'avoir empêché de périr,
Un retour criminel au monde que je quitte,
Une seconde fois contre moi vous irrite ;
Que la main qui me guide, & me mêne au salut,
Ne m'abandonne pas, que je ne sois au but
Que vos graces, mon Dieu ! sans borne & sans mesure
Se repandent toûjours sur votre créature.
Gueriffez-la, Seigneur ! de l'appréhension,
Que lui cause une vie indigne de pardon ;

Que d'un vif repentir elle soit dévorée.
Que d'un saint déséspoir elle soit penetrée.
Mais que ce ne soit pas la peur des châtimens,
Qu'elle a trop merités par ses égaremens
Qui fasse naître en elle une douleur amére;
Que ce soit cet amour d'une fille envers son pere;
Que mon ingratitude envers mon Créateur
Excite mes remords, & dechire mon cœur,
Que je fasse le bien d'une volonté pleine,
Que mon amour soit vif, qu'il soit parfait sans gêne,
Qu'en vous craignant, mon Dieu! je vous aime encor plus:
Rendez-moi cet attrait pour toutes les vertus,
Ce penchant vers le bien, ce désir salutaire
De servir Dieu pour Dieu, de l'aimer, de lui plaire.
Alors (de vôtre amour tous mes sens transportés)
Je chanterai, Seigneur! vos immenses bontés;
Je n'aurai d'autre soin dans mon bonheur insigne,
Que de les méditer, & de m'en rendre digne,
Observant vôtre loi j'aurai tous les vrais biens,
Et mon ame en sera ses plus chers entretiens.

Mon

Mon Seigneur, & mon Pere! il est donc bien possible,
Qu'au retour de mon cœur le vôtre soit sensible?
Qu'un objet tel que moi, le soit de vôtre amour?
Que vous voulez mon cœur par un juste retour?
Oui, vous voulez ce cœur tout entier sans partage;
Puis-je à vous le donner, résister davantage;
Vous avez répandu vôtre sang pour l'avoir,
Ha! puis-je y réfléchir? puis-je le concevoir?
Que vous ayez, mon Dieu! pû m'aimer de la sorte,
Sans que ma foi devienne assez vive, assez forte,
Pour qu'occupée toûjours de vos divins bienfaits
Je puisse être fidéle à ne pécher jamais;
Car qui retomberoit dans sons ingratitude,
S'il s'occupoit toûjours d'une si vive étude:
Qui pourroit se résoudre à jamais vous trahir?
Qui d'un Dieu, homme pour lui, perdroit le souvenir?
Malgré tous les penchans d'une ame criminelle
Bientôt par cette idée on deviendroit fidéle,
Et loin de succomber à l'ésprit tentateur,
On seroit assuré d'en être le vainqueur.
Rappellez vôtre mort, vos tourmens dans mon ame,

O mon

O mon Dieu! gravez-les avec des traits de flamme,
Afinque conservant un juste & saint désir
Je me porte sans cesse au bien avec plaisir.

---

§. 14. §.

De la grace d'un Dieu (grace incompréhensible)
J'ai reconnu, quelle est la puissance sensible,
Personne n'est, mon Dieu! plus obligé que moi
D'être reconnoissant, d'observer vôtre loi,
D'enseigner aux pécheurs vôtre bonté suprême,
Et de les ramener à leur Dieu, qui les aime;
Il vous a plû veiller à ma conversion,
Vous m'avez liberé de cette passion,
Qui dans l'âge, où je suis, est toûjours si puissante:
Vous avez affermi ma raison chancelante,
Vous avez bien voulu me donner le loisir
De retourner à vous par un vrai repentir.
Que serois-je, grand Dieu? si par vôtre clemence
Vous n'eussiez différé vôtre juste vengeance,
Si vous m'eussiez frappé dans cet état cruel,
Où j'étois endurci, parjure, criminel?

Vous

Vous avez eu pitié, Seigneur! de ma miſére,
Et vous m'avez laiſſé le tems ſi néceſſaire
A connoître mes maux, les ſonder, les ſentir,
Les avoir en horreur, enfin m'en repentir.
Hélas! je me ſuis vû dans ce moment terrible,
Où ſubiſſant l'arrêt d'un Dieu juſte, inflexible,
Je pouvois recevoir irrévocablement
Je mon déſordre affreux le juſte châtiment.
Aux progrès menaçants de cette fievre ardente
Si j'euſſe ſuccombé, quelle étoit mon attente?
De frémis d'y penſer: De mes maux accablée
La tête embaraſſée, inſenſible ou troublée;
Etoit-ce alors le tems de faire pénitence,
Et prevenir d'un Dieu la cruelle ſentence?
A peine demandois-je en ce triſte moment,
Aux maux que je ſouffrois quelque ſoulage-
                                     ment.
Comment dans cet état affoibli ſans courâge,
Pourroit-on entreprendre un ſi pénible ouvrage?
Détester ſes péchés & ſes égaremens,
Repaſſer de ſes jours les criminels momens,
Verſer ſur ſes erreurs de veritables larmes:
La crainte nous ſaiſit, redouble nos allarmes,
Et de l'ame & du corps la ſeparation,
Occupe de l'éſprit toute l'attention;
Hélas! a-t-on la force, ô mon Dieu! de vous
                                     dire
                              Qu'on

Qu'on s'abandonne à vous, qu'après vous on soûpire,
Qu'on éspére trouver grace devant vos yeux;
On ne profite point d'un inftant précieux,
Cependant cet état eft bien moins effroyable,
Qu'une fubite mort, qui furprend un coupable,
Les douleurs qu'en mourant un pécheur fait souffrir
Peuvent vous appaifer, il peut vous les offrir,
Et par là fe flatter qu'une vive priere
Obtiendra de fon juge un arrêt moins fevére.
Mais quel affreux état! & quel funefte fort,
De voir trancher fes jours par une prompte mort!
Quand tout me promettoit une longue carriere,
La mort dans un iuftant me ravit la lumiere;
J'expire fans pouvoir fléchir par un foûpir
Le redoutable bras levé pour me punir.
Quel changement, ô ciel! pour une ame enivrée
Lorfque dans un inftant elle fe voit livrée
Au jugement d'un Dieu, qu'elle vient d'outrager
Qui vouloit la fauver, & qui doit fe venger:
Eh qui peut fe vanter d'une vie affez fainte
Pour fixer cet inftant fans en pâlir de crainte!
Pour fentir l'effroi d'un femblable trépas
Et qui fait, fi mon Dieu ne m'y condamne pas?
Nous favons que toûjours la mort peut nous furprendre,

Qu'elle

Qu'elle vient quand le moins ou croit devoir l'attendre,
Prêt à la recevoir il faut donc se tenir,
Et, ce la figurer toûjours prompte à venir.
Malheur, à qui néglige une si grande affaire;
C'est le point important, c'est le plus nécessaire.
Il doit de tous nos soins être l'unique but :
En peut-on prendre trop, quand c'est pour son salut ?
Le monde nous présente une fausse lumiére,
Pour nous tranquilliser sur nôtre heure derniere ;
Gardons-nous de la suivre, & que l'esprit trompeur
Ne nous enivre pas par sa fausse douceur.

O mon Dieu ! tout m'engage à la reconnoissance,
Je dois dans tous les tems chanter vôtre clémence ;
Et l'apprendre aux pécheurs, pour qu'ils viennent à vous ;
Vous leur tendez les bras pour les recevoir tous.
Je ne cacherai point l'aveuglement extrême,
Où j'ai longtems vécu ; Vôtre faveur suprême
En retirant mes pas de cet abîme affreux
Leur est un sûr garand de vos bontés pour eux.

Nous

Nous devons nous changer, c'est un pas nécessaire,
Pour appaiser de Dieu la trop juste colere,
Craignons de nous laisser prévenir par la mort,
Puisque nous ignorons, quel sera nôtre sort.
La mort vient en tout tems, & n'excepte personne,
Dans toutes les saisons elle frappe, & moissonne;
Elle nous confond tous, le docte & l'ignorant,
Le jeune avec le vieux, le petit & le grand;
Ces titres, ces honneurs, ces biens, qui nous seduisent,
A l'oubli général par la mort se reduisent;
De nous, de nos noms même, on ne se souvient plus,
Et rien ne parle à Dieu de nous, que nos vertus.
Que seront les pécheurs, quand las de les attendre,
Quand aprés les avoir excité à se rendre,
Par les plus grands bienfaits, & par les châtimens,
Ils auront abusé de tant d'heureux momens;
Quand vous ferez Seigneur! à tant de patience
Succéder les éclats d'une juste vengeance?
Au lieu de vôtre amour, vôtre indignation
Sera de chaque faute une punition.
O redoutable arrêt! ô terrible sentence!

Etre

Etre à jamais banni de Dieu, de sa présence!
Dans une éternité n'avoir que des remords!
Et sans jamais mourir, éprouver mille morts!

 Adorons, ô mon Dieu! vôtre sage conduite,
Et vous de vos erreurs envisagez la suite
Pécheurs! animez-vous d'une nouvelle foi,
Et des bontés d'un Dieu voyez l'exemple en
       moi.
Renoncez à l'objet qui vous captive encore;
Il faut pour aimer Dieu, haïr ce qu'il abhorre.
Mais comment se résoudre à sa conversion
Avec si peu de zéle, & de componction,
Avec le goût du vice, avec tant de foiblesse,
Que la moindre pensée, & m'afflige, & me
       blesse?
Quand je me trouve au lit d'un pécheur expi-
       rant,
Effrayé de son sort, je forme en le voyant,
Le solide dessein de changer de conduite.
Je m'y crois résolue; mais lorsque je le quitte,
Je perds le souvenir d'un spectacle effrayant,
A mes anciens péchés je retourne à l'instant;
L'habitude l'emporte, & mon ame légére
Etouffe dans sa source un projet salutaire.
Mon Seigneur! & mon Dieu! je l'avoüe à
       regrêt;
    e   Mais

Mais vous fondez les cœurs, rien ne vous est
  secret,
Et vous savez quel est l'excès de ma misére;
Vous êtes mon Seigneur, soyez aussi mon Pere!
C'est alors que ma voix publiant vos bienfaits
Instruira les pécheurs, par quels puissants at-
  traits
La grace les invite à faire leur possible,
Pour appaiser d'un Dieu la justice terrible.

§. 15. §.

Mon Seigneur, & mon Dieu! la distance
  est bien grande
De ce que je promets, à ce que je demande.
Je demande à mon juge, au Dieu que j'ai trahi,
D'un amas de péchés le pardon, & l'oubli;
De sa grace à ce prix je chante les louanges,
En unissant ma voix à celle de ses Anges:
Oui, d'un Dieu tout-puissant, je dirai la dou-
  ceur,
Qui si longtems sur moi retint son bras vengeur;
Aux pécheurs insensés je servirai d'exemple,
Et je célébrerai son nom dans son saint temple.
J'étois coupable, ingrate, & mon cœur évitoit
  De

De se rendre à la voix du Dieu qui l'appelloit;
J'ai craint que cette voix surmontant ma foiblesse,
Ne triomphât enfin d'une ame pécheresse;
Vous m'avez préservé des justes châtimens,
Que j'avois merités par mes dereglemens.
Mes péchés étoient grands, & mon Dieu les efface,
Puis-je trop célebrer les effets de sa grace?
Mondains, voyez par moi ce qu'on peut ésperer
D'un Dieu dont les bontés peuvent tout reparer:
Un pécheur repentant est le plus doux spectacle,
Dont jouissent les saints; quand plus fort que l'obstacle,
Que l'enfer lui suscite en toute occasion
Il sait persévérer dans sa conversion:
Oui de quelques péchés dont l'ame soit coupable,
Si d'un vrai repentir elle devient capable,
Dieu ne refuse pas de lui tout pardonner,
Dieu ne balance pas lui-même à se donner
Dieu lui-même veut bien servir de nourriture
Pour la vivifier, & la rendre plus pure.
Ha! dans quels sentimens d'amour & de respect,
Un pécheur repentant doit-il être, à l'aspect
D'un Dieu présent pour lui, tel qu'il fut au Calvaire!

Avec

Avec quelle douleur d'avoir pû lui deplaire:
Avec quelle tendresse il le doit recevoir,
Ce Dieu si bon, ce Dieu qui fait tout son
éspoir :
Avec quel soin extrême, & quelle vigilance
Il doit examiner, sonder sa conscience,
De crainte qu'en son cœur quelqu'ennemi
caché
N'en chasse de nouveau son Dieu par son
péché,
Cet époux bien-aimé qui vient embrâser
l'ame,
Afin qu'elle s'écrie: ô mon Pere, & mon
Roi!
Je suis toute à mon Dieu, je ne suis plus à
moi ;
Il remplit tout mon cœur, puisque je le
posséde,
Il sera pour jamais mon refuge, & mon
aide ;
Je ne le quitte plus, je ne vis plus qu'en lui,
Et son saint Nom sera mon éternel appui.
Oui mon ame, seigneur! brule du plus pur
zéle,
Elle veut tout quitter pour vous être fidéle,
Et ne fera plus rien sans vous le consacrer;

De

REPENTIR DE M. D***

De tout autre défir daignez me délivrer,
De mon cœur corrompu corrigez la malice,
Et ma voix de mon Dieu chantera la juftice.

---

§. 16. §.

Je ne puis éfpérer plus de gloire, & d'honneur
Qu'en célébrant par tout vos louanges, Seigneur!
Mais pour chanter d'un Dieu la bonté, la puiffance
Il faut en recevoir la divine affiftance,
Il me doit enflammer par fa fainte onction
Pour pouvoir dignement célébrer fon faint Nom.
Quel bonheur, ô mon Dieu! fi vous ouvrez ma bouche
Pour chanter, à quel point vôtre grace me touche!
Cette bouche autrefois qui ne s'ouvroit jamais,
Que pour faciliter mes crimes, mes forfaits;
Cette bouche coupable, infidéle, parjure,
Qui vous faifoit toûjours quelque nouvelle injure,

Médisante, attaquant, sans cesse le prochain,
Ou le scandalisant par un discours trop vain,
Que je devois forcer toûjours à la priere,
Et que tout autre objet occupoit toute entiére :
Mon cœur vous oublioit, ô mon divin Sau-
   veur !
Je ne parlois jamais de vous qu'avec tiédeur.
J'habitois un pays, une terre étrangére,
Où j'oubliois, hélas ! le plus aimable pere,
Pour suivre ce torrent d'un monde criminel,
Qui brave, & qui mérite un supplice éternel.
En effet, ô mon Dieu ! le monde est une
   terre,
Dont les coupables fils semblent fuïr la lu-
   miére ;
Et cependant j'étois assez foible, imprudent;
Pour suivre leur erreur, même en la condamnant;
Que dis-je ! J'aurois craint d'essuyer leur critique
Ne faisant pas comme eux profession publique
De mon extravagance & des égaremens,
Dont mon cœur gémissoit dans de secrets mo-
   mens ;
Des bontés de mon Dieu c'est ici la plus grande,
De m'avoir éclairé sur ce qu'il nous commande;
Mais je dois à ma honte avouer aujourdhui,
Que lorsque j'y songeois, c'étoit avec ennui.
                              J'évi-

J'évitois de parler de ses dons, de sa gloire,
Convaincue je faisois semblant de ne pas croire ;
J'étouffois la charité qui pénétroit mon cœur,
Pour suivre le torrent d'un monde seducteur.
Quel reproche, grand Dieu! n'ai-je pas à me faire,
Combien de fois fuyant la grace qui m'éclaire,
J'ai laissé les secours que vous me présentiez
Pour suivre du demon les coupables sentiers !
Les jours, les mois, les ans, ont passé comme un songe,
Il ne me reste d'eux, que le ver qui me ronge.
D'une longue carriere, hélas! je touche au but,
Et n'ai pourtant rien fait encor pour mon salut.
Je ne puis me flatter, qu'au gré de mon envie
Contre l'ordre établi Dieu prolonge ma vie.
Chaque jour quelqu' ami m'est ôté par la mort,
Je ne tarderai pas d'avoir le même sort ;
Pourquoi donc m'attacher à cette créature
Ainsi que moi sujette aux loix de la nature,
Qui ne peut d'un moment reculer mon trépas,
Dont l'amour, & les vœux ne me sauveront pas ;
Mon ame voit, connoit ces vérités terribles ;
Mais rendez-les pour moi si claires, si sensibles,
Que ma bouche enfin s'ouvre, ô mon divin Sauveur !

Pour pouvoir dignement chanter vôtre grandeur;
Je publierai par tout l'indulgente clémence,
Qui m'a laissé le tems de faire pénitence,
En prodiguant pour moi tous les soins réunis,
Que la plus tendre mere auroit eu pour son fils.
Je bannis pour jamais ces basses flatteries,
Toûjours du cœur des grands perfides ennemies:
Je ne chanterai plus qu'un Dieu, qu'un Créateur,
Dont le divin amour embrâse tout mon cœur:
Mais hélas! sans vos soins que pourra ma foi-
blesse?
C'est à vous d'inspirer cette ame pécheresse,
Afin qu'en annonçant les dons de son Sauveur,
Elle puisse à vos pieds ramêner le pécheur.
Daignez en ma faveur! mon Dieu! faire un
miracle,
Rompez tous mes liens, détruisez tout obstacle
Et ce cœur animé du feu de vos autels
Publiera vos bienfaits par des chants éternels.

§. 17. §.

O mon Dieu! je n'ai rien qui ne vienne
de vous,
Comblé de tant de biens, je vous les offre
tous;

Je

Je ne reserve rien, je me donne moi-même,
En vous rendant vos dons mon bonheur est extrême.
Je renonce à l'erreur de tout l'attachement,
D'un chrétien vicieux coupable amusement.
Je fais à vos autels un entier sacrifice
Des objets seduisants qu'adoroit mon caprice,
De ce frivole amour, de cet encens trompeur,
Que m'offrent les mondains, qui flattoit tant mon cœur.
L'holocauste qui seul plait à Dieu, qui l'honore,
Est un cœur tout rempli de ce Dieu qu'il adore;
Sans cesse il nous faut donc purifier ce cœur
Pour l'offrir tout entier au divin Créateur;
Il doit sacrifier la passion funeste,
Dont il fait son idole, & que son Dieu déteste :
Quand le monde pourroit satisfaire mes vœux,
Quand malgré ses erreurs je pourrois être heureux,
S'il falloit acquérir ce bonheur par un crime
De ma felicité je serois la victime;
Et ce qui satisfait le mondain enchanté,
Seroit payé trop cher, s'il m'avoit tant coûté;
Il n'est point de repos pour l'ame pécheresse,

Elle nourrit un ver qui la ronge sans cesse.
Le bonheur véritable est au sein du Seigneur,
Et qui le cherche ailleurs, travaille à son malheur.
Nous sentons le néant de ce que l'on nous vante ;
Et quand l'effet pourroit répondre à nôtre attente,
Qu'est-ce qu'offre le monde en flattant tous nos vœux ?
C'est à nôtre innocence un piége dangereux;
Il faut donc s'adresser à l'unique ressource,
A Dieu, de tous les biens la véritable source.
Tout ce qui n'en émane, est toûjours vicieux,
Et tôt ou tard nous livre à des remords affreux.
J'éviterai ce mal, ô mon Dieu! par vos graces,
Vous seul serez ma force; & toutes les disgraces
Ne feront qu'augmenter ma joïe & mon bonheur,
Puisque je les tiendrai de mon divin Sauveur;
Lui seul me donnera cette paix, que le monde
Promet en vain à qui sur ses faveurs se fonde.
Je ne suivrai, mon Dieu! que vôtre sainte loi,
Et vous seul vous serez & mon Maître, & mon Roi.

O mon

O mon Sauveur! c'eſt là l'unique ſacrifice,
Que vous regarderez avec un œil propice,
Et c'eſt le ſeul qui peut procurer à mon cœur
Ce qui doit le conduire à l'éternel bonheur.

§. 18. §.

Qui peut, ô mon Sauveur, qui peut vous offenſer,
Sans gémir d'être aſſez aveuglé, pour l'oſer?
On ſe répent d'avoir mépriſé vôtre grace,
Lorſque le prémier feu de la jeuneſſe paſſe:
Quand la raiſon détruit l'attrait impétueux,
Qui nous entraîne au monde, & nous ferme les yeux,
Les dangers de ce monde, & ſes perils extrêmes
A nos éſprits troublés viennent s'offrir d'eux-mêmes;
Lorſque nous revenons de nôtre égarement,
Et ſommes en état de penſer mûrement,
Nous reſſentons alors un répentir ſincére
De nous être attiré, Seigneur, vôtre colére.
Nous regrettons alors tous les momens perdus,

Son-

Songeons dès cet inſtant à n'en abuſer plus.
Quand des bontés d'un Dieu l'on fait ſa ſeule étude,
On ſe répent bientôt de ſon ingratitude,
Et ſa miſéricorde écoute tout pécheur
Qui confeſſe ſon crime, & pleure ſon erreur.
Vous ne voulez de nous, mon Dieu! pour ſacrifice
Qu'un cœur vraiment contrit qui déteſte le vice,
Qui ſoit bien pénétré d'un ferme & ſaint déſir
De ne plus rétourner au crime à l'avenir,
Qui reſſente en lui-même une douleur amére
De n'avoir pas plûtôt déſiré de vous plaire,
Et d'avoir écouté la folle paſſion,
Qui rétardoit l'inſtant de ſa converſion:
Oui, mes vœux inſenſés m'attiroient vôtre haîne
Et me faiſoient courir à ma perte certaine.
Hélas! quel étoit donc le triſte aveuglement,
Qui rédoubloit l'excès de mon égarement!
Comment ai-je employé ces jours dignes d'envie,
Dont je dois rendre compte à l'auteur de ma vie?
Je les trouvois trop courts, ces jours ſi précieux,

Lorſ-

Lorsque je les passois dans les ris, dans les jeux
Flattant les goûts de ceux à qui je voulois plaire,
Pour qu'aux miens à leur tour ils puissent satisfaire;
Pour tous ces vains objets je m'éloignois de vous,
Pour eux d'un Dieu vengeur je bravois le courroux;
Mais maintenant, mon Dieu! je commence à connoître
Que pour vous être uni vous m'avez donné l'être;
J'apprens à mépriser ce qui jusqu'à présent
A paru mériter tout mon attachement.
Ce n'est que vous, Seigneur! qui remplissez mon ame
Tout ce qui n'est point vous n'est digne que de blâme.
J'ai commencé bien tard à m'en appercevoir,
Mais enfin je reviens à vous, à mon devoir:
En vain à tous mes maux j'ai cherché du reméde,
Je connois mon erreur, & j'implore vôtre aide,

C'est

C'est en suivant vos pas, ô mon Dieu! que je sors
D'un labirinthe affreux de peines, de remords.
J'implore à vos autels cette miséricorde
Qu' aux cœurs vraiment touchés vôtre clémence accorde.
La honte & le regret d'avoir trahi mon Dieu
M'ont arraché du monde, & conduit dans ce lieu.
Donnez-moi donc, Seigneur! ce riche don des larmes,
Qui fait trouver aux saints dans leurs maux tant de charmes:
Que d'en verser comme eux soit mon plus grand plaisir,
En holocauste alors je pourrai vous offrir
Un cœur tout pénétré de sa douleur amére,
Et du plus vif regret d'avoir pû vous deplaire!

§. 19. §.

Vout êtes, ô mon Dieu! l'époux de vôtre église;
Mon ame dans son sein, & dans le vôtre admise

Vient

Vient par elle aujourdhui, fléchir vôtre courroux
Malgré tous mes péchés contre elle & contre vous,
Ce que l'églife aura délié fur la terre
Le fera dans le ciel: ainfi vôtre colére
Peut encor fe fléchir; cet affuré fecours
D'un malheureux pecheur eft l'unique recours.
J'ai mis tout mon éfpoir dans cette tendre mere,
Elle m'a fécouru dans l'état de mifére,
Où je m'étois plongé par mon égarement,
De mon retour vers vous elle fera garant,
Elle étoit mon refuge & ma médiatrice,
Lorfque je méritois un éternel fupplice;
J'étois indigne hélas! dans ce tems malheureux
D'adreffer à mon Dieu mes foûpirs & mes vœux;
Quels feront les tranfports de ma reconnoiffance
Et que ne dois-je point à fa tendre indulgence
Malgré cette tiédeur à remplir mon devoir.
J'étois dans vôtre temple hélas! fans m'emouvoir
J'y portois avec moi l'ennui pour la priere,
Et

Et cherchois les moyens de pouvoir m'y sou-
....straire.
Pour oser violer chaque commandement,
Le plus léger prétexte étoit trop suffisant;
De ce fatal degoût ma paresse complice
Me traînoit avec peine à ce saint sacrifice,
Où vous renouvellez le triste souvenir
Des maux que vôtre amour pour nous vous
....fit souffrir.
Où mon maître, où mon Dieu pour mon
....salut s'immole.
Si j'allois écouter vôtre sainte parole
Bien loin d'en profiter, c'étoit pour criti-
....quer
Le ministre sacré qui venoit l'expliquer;
J'ai poussé jusques là mon insolence extrême,
Ingrate, indigne fille d'une mere qui m'aime;
Par elle il m'est permis de recourir à vous,
Et tout ce que j'ai fait, mérite son cour-
....roux.
Que de fois, de mieux vivre, ai-je fait la
....promesse!
Je détestois le monde, & le suivois sans
....cesse;
Quand au pied de l'autel je demandois par-
....don,
J'étois encore alors l'esclave du Démon,

Je

Je me trouvois toûjours loin de vous, & sans guides
Hors du sein de l'église, ou dans des mains perfides,
Qui savoient derober un abîme à mes yeux
Dans lequel m'entraînoient leurs conseils dangereux.
Oui ceux qui n'osent pas vous appeller leur pere,
Qui ne respectent point l'église comme mere,
Sont les fils du Démon, des pervers, des méchans,
Que doivent éviter vos fidéles enfans ;
Exaucez ces enfans, Dieu de miséricorde !
De vôtre sainte église éloignez la discorde,
Que de l'Esprit divin la bénédiction
Se répande à jamais sur la sainte Sion :
Armez de tous vos traits son Ange tutélaire
Contre l'ésprit d'erreur, son cruel adversaire,
Qu'il triomphe avec elle, & que de toutes parts
On vienne dans son sein suivre vos étendarts,
Que nos Pasteurs prêchant les vérités sacrées
Ramenent au bercail les brébis égarées ;

Que je puisse à mon tour rentrer dans le chemin,
Qui seul peut me conduire à mon heureuse fin !
Mais pour y parvenir assurez-m'en la route,
O mon Dieu ! bannisez jusques au moindre doute ;
Eclairez mon esprit, qui commence à sentir
Ce qu'on court de dangers à vous désobéir :
Oui, de tous les malheurs c'est là le plus terrible
Que d'être à vôtre voix indolent, insensible,

Mon Dieu ! de cet état épargnez-moi l'horreur,
Achevez vôtre ouvrage, ô mon divin Sauveur !
L'effroi de mes péchés (je frémis quand j'y pense)
Augmentera peut-être en faisant pénitence
Cette sainte rigueur qui loin de tout danger
Fait trouver vôtre joug si doux, & si léger ;
C'est elle qui nous rend vrais enfans de l'église,
Le refuge assuré d'une ame bien soumise,
C'est dans son sein qu'on goûte en observant ses loix

Les

Les biens qu'un Dieu Sauveur nous offre de sa croix.
Accordez donc, mon Dieu! vos dons à nôtre mere,
Protegez ses enfans, montrez vous nôtre pere;
Que vôtre Esprit divin repande sur Sion,
Ce qui fait ici-bas sa consolation,
Afin que nous portions de fruits doux, agréables
Qui puissent nous souftraire aux arrêts effroyables
Que vous prononcerez dans ce jour solemnel
Sur les tristes objets d'un courroux éternel.

---

§. 20. §.

Lorsque je n'aurai plus ce penchant si funeste,
Source de tant d'erreurs qu'à présent je déteste,
Que de tous mes péchés contrit & répentant,
Vous ne verrez en moi qu'un pécheur pénitent,
Vous recevrez alors avec un oeil propice
De ce cœur tout à vous le digne sacrifice;
Oui, mon Dieu! je pourrai sans crainte vous l'offrir,
Pénétré comme il est, du plus vif répentir:
Mais si je ne renonce à ce monde profane,

Qui ne m'enseigne rien que ce Dieu condamne;
Si ce cœur incertain voulant se convertir
N'efface ses péchés par un vrai répentir,
Comment osera-t-il, souillé de mille crimes
Offrir au Saint des Saints des vœux & des vic-
    times,
Sans craindre qu'ajoûtant la profanation
Aux objets de colére & d'indignation,
Dieu dans le même instant ne s'arme de la fou-
    dre
Pour punir son audace & le reduire en pou-
    dre ?
Ainsi donc, ô mon Dieu! lorsqu'au pied des
    autels
Je viens participer à vos dons immortels
Je ne saurois assez songer, qu'il faut m'y ren-
    dre
Avec les sentimens que vous devez attendre :
Je ne dois point remettre à ce dernier moment
Ce qu'il faut pour sortir de mon égarement :
Je dois examiner avec inquiétude
De mes goûts criminels la force & l'habitude :
Je dois rechercher tout & ne rien oublier
De ce qui devant Dieu peut me justifier ;
Je dois me souvenir que je parle à mon juge,
Qui sait tout, qui voit tout, mon unique re-
    fuge,
            Quo

Que mon pardon dépend de la sincérité,
Dont mon ame retourne au Dieu qu'elle a quitté;
Loin de justifier par une vaine excuse
Les fautes dont il faut que mon ame s'accuse,
Je ne dois, ô mon Dieu! songer, qu'à mériter
Ce pardon qu'on n'obtient qu'en voulant éviter
Tout ce qui peut nous rendre indigne de vos graces:
Du divin Redempteur je dois suivre les traces
C'est en portant sa croix avec componction,
Que l'on peut profiter de l'absolution,
Que Dieu par un effet de sa miséricorde
Dans ce saint tribunal nous offre & nous accorde.
Mais ce juste souci ne doit pas empêcher
D'avoir recours à lui, pour pouvoir s'approcher
De son saint Sacrement nôtre unique éspérance,
Une ame doit en lui mettre sa confiance,
Elle doit se jetter dans ses bras paternels,
Et ne pas s'éloigner sur tout de ses autels.

Venez.

Venez, ô mon Sauveur ! allumer dans mon
ame
Cet amour de vous-même, & cette vive flamme
Qui fait, que méprifant tous les biens d'ici-
bas,
Tout ce qui n'eft point vous, eft pour nous
fans appas.
O qu'une ame eft heureufe, & qu'elle eft fa-
tisfaite,
Lorfque pour tout bonheur c'eft Dieu qu'elle
foûhaite !
Lorfque fuïant le monde & voyant fon er-
reur
Elle n'afpire à rien, qu'à plaire à fon Sau-
veur !
Que la paix que pour lors elle goûte a de
charmes !
Tranquille, elle en jouït fans crainte & fans
allarmes ;
De ceux dont elle voit le trifte égarement,
Elle plaint en fecret l'horrible aveuglement.

Mere de nôtre Dieu, Vierge fi fécourable,
Vous, de tous les pécheurs afile favorable,
Vous qui les regardez avec compaffion,
Qui tant de fois avez obtenu leur Pardon,
Ne me refufez pas vôtre fainte affiftance !

Deman-

Demandez pour mon cœur cette douce éspé-
rance
Qui fait l'appui du juste en soûtenant sa foi!
Priez vôtre cher Fils incessamment pour moi,
Ce Fils, nôtre Sauveur nous a nommés ses
freres;
Et vous, êtes pour nous la plus tendre des
meres.
Pour prix de vos vertus jamais ce Dieux si bon
Ne vous a d'un pécheur refusé le pardon;
Si les pleurs, les regrets, les remords d'un
coupable
Peuvent rendre à vos yeux sa priere agréable,
Vous devez recevoir la mienne & l'écouter:
C'est avec cet éspoir que j'ose présenter
A vôtre divin Fils un cœur rempli de zéle,
Resolu de mourir & de vivre fidéle,
Dans le ferme propos de ne plus le trahir,
De l'aimer à jamais, & de plûtot subir
Les plus affreux tourmens, la mort la plus
cruelle,
Que de reprendre encore la route criminelle
Qui conduit un pécheur à l'éternel trépas,
Et dont Dieu par sa grace a retiré mes pas.
Souveraine des cieux, obtenez que mon ame
Se nourrisse toûjours de l'amour qui l'en-
flamme!

Obte-

Obtenez de mon Dieu que je vais recevoir,
Que son sang précieux, qui fait tout mon éspoir
Ne rende pas cette ame encor plus criminelle;
Qu'au lieu de la conduire à la vie éternelle,
De ces mistères saints la profanation
Ne passent pas un jour sa condamnation
Soumis, humilié, prosterné contre terre,
Vierge sainte ! daignez exaucer ma priere,
Obtenez de mon Dieu ma satisfaction,
Obtenez qu'il ajoute à ma contrition,
Qui pour Dieu peut en faire une offrande agréable ;
Je veux qu'en approchant de vôtre sainte table
O mon Dieu ! vous l'offrir sur vos divins autels
Lavé, purifié de ses goûts criminels:
C'est là l'oblation, l'offrande de justice
Que vous regarderez avec un œil propice.

AVIS

L'Editeur des présents Memoires & du Repentir de Madame D*** n'a pas crû devoir obmettre les Piéces suivantes, dont cette zélée Convertier s'est servie pour ramener d'autres Personnes au Giron de l'Eglise.

REMAR-

Remarques Générales.

L'Illustre Solitaire Saint Aphrâtés, desiroit que l'on écrivît en toutes langues, & de toutes manieres contre les Heresies qui troublent l'Eglise. La raison qu'il en donne est bien solide: si un livre, disoit il, n'est pas entendu d'un Heretique, un autre livre composé d'un autre stile, & d'une maniere differente, pourra lui être agreable; & comme il y a des gouts differents pour les alimens du corps, il y en a aussi pour la satisfaction de l'esprit: c'est pourquoi ce Saint conseilloit d'écrire en toutes langues, & de toutes manieres, contre les Heresies qui étoient de son temps, afin de gagner tout le monde à Jesus Christ.

Ce sentiment est bien digne du courage d'un Serviteur de J. C., qui quitta son desert, pour soutenir sa Divinité, combattuë par les Ariens, appuyés de l'autorité de l'Empereur Valens: & qui répondit à ce Prince, Vous me demandez pourquoi j'abandonne ma Cellule? C'est pour prier Dieu avec les Orthodoxes, qu'il vous fasse connoître la grandeur de vôtre peché.

C'est dans l'esprit de ce Saint que je donne au public le present Livre. Car quoi que l'on en voye paroître tous les jours différents sur ces matieres; neantmoins j'espére de la miséricorde de Dieu, que celui-ci ne sera pas inutile, DIEU aiant des voyes & des manieres diverses, pour faire connoître la vérité.

Peut-être même qu'il y en aura plusieurs d'entre nos freres errans qui auront beaucoup de joye de voir la Controverse proposée de cette maniére aussi claire que courte.

Erasme de Rotterdam écrit à un de ses amis, qu'il avoit paru depuis quelques jours, un livre composé par le Cardinal Cajetan, dans lequel ce sçavant homme ne s'étoit emporté ny en injure, ny de colere contre personne; mais avoit expliqué la Doctrine de l'Eglise, d'une maniere fort intelligible, soutenuë d'autorité & de bons témoignages; & le tout fait avec beaucoup d'esprit & de travail. Il ajoûte qu'il desireroit de tout son cœur, qu'on donnât six cens Volumes, écrits d'une maniere qui expliqueroit nettement la Doctrine de l'Eglise, & qui n'excitât pas du tumulte; car disoit-il, j'aime la paix, & la concorde entre les Chrêtiens, jusques à ce point, Que la verité qui porte à la sedition ou à la faction, m'est odieuse. * Mihi sane adeo est invisa discordia, ut veritas etiam displiceat seditiosa.

* Petro Barbyrio Brugis 1521.

Il semble que le St. Esprit nous ait voulu instruire de cette maniere d'écrire fortement, mais en peu de paroles, lors qu'il a dit par le Sage. * Verba sapientium quasi stimuli, & quasi clavi in altum defixi, quæ per magistrorum consilium data sunt à Pastore uno. *Les paroles des sages sont comme des aiguillons, & comme des clous enfoncés profondement, que le Pasteur unique nous a donnés par le conseil & la sagesse des Maitres.*

Dans ce petit Ouvrage, je me suis arrêté au Point decisif, sçavoir, à faire connoître l'Eglise qu'il faut croire, parce que c'est elle qui doit nous instruire de tout ce qui est necessaire pour nôtre salut, & que nous sommes en seureté d'être avec l'Eglise Catholique. Je dis à nos fraires separés, comme l'Ange à St. Jean. ** *Venez avec moi, & je vous montreray l'Epouse qui est l'Epouse de l'Agneau.*

Je fais voir si invinciblement l'Autorité de l'Eglise Catholique, que c'est se fermer les yeux en plein midi, que de ne la pas reconnoître, & c'est se precipiter volontairement dans l'Enfer, plûtôt que de reconnoître cette Epouse de Jesus-Christ, qui a voulu que son Eglise fut comme une ville batie sur une montagne, laquelle par son élévation, est vûë de toutes parts & reconnuë de tout le monde.

(* 3)   *Nos*

* Ecclesiast. 12, 12.
** Apoc. 21, 9.

Nos freres separés pourront me demander, d'où vient que dans l'Eglise Catholique, on se sert de l'Ecriture expliquée par les Saints Peres? La réponse doit les satisfaire beaucoup. Saint Pierre a dit, que dans les Lettres de St. Paul, Il y a quelques endroits difficiles à entendre; que des hommes ignorants & legers * detournent en de mauvais sens, & dont ils abusent aussi bien que des autres Ecritures, à leur propre ruine.

L'Eglise voulant prevenir la perte de ses enfans qui ont l'esprit superbe & opiniâtre, elle leur propose l'Ecriture Sainte expliquée par les Saints Peres, afin de les porter au respect pour cette divine parole. Car Dieu a dit au pecheur, Pourquoi annoncez-vous mes preceptes? ** Pourquoi parlez-vous de mon alliance? Vous qui haïssez la verité, & qui ne tenez aucun compte de mes paroles.

* * *
 * *

Je ne veux point insulter à nos freres qui sont encore separés de nous, & dont j'espere toûjours le retour dans le sein de l'Eglise leur Mere. Je leur diray seulement une chose qui pourra les surprendre parce qu'ils n'y ont fait peut être aucune Reflexion; *la pretenduë Reformation, porte à l'indifference de Religion.* Voilà pourquoi il ne faut pas s'écon-

* 2. Petr. 3. 16.
** Ps. 49. 17.

s'étonner s'ils ont tant de peine de revenir à nous. L'abyme qui étoit entre le mauvais riche & le sein d'Abraham, n'étoit pas si grand ny si difficile à passer *, que celui qui est entre une Religion commode, qui n'oblige à rien, dans laquelle on croit ce que l'on veut, où l'on n'est obligé à aucune mortification; & une Religion incommode aux passions, qui mortifie tous les sens, & qui porte à une vie de la foy, qui nous fait croire ce que nous ne pouvons comprendre.

Je ne feray que representer les principes de la Confession de Foy de nos freres separés, sur lesquels j'établis une conclusion ferme & incontestable; Que le Protestantisme porte à l'indifference de Religion; Je n'oserois ajouter à l'incrédulité ou même à l'Impieté si fort à la mode aujourd'hui, de peur qu'ils ne croyent qu'on les veut pousser trop loin.

Je cherche leurs ames, & je ne croi pas qu'on puisse leur faire connoître plus de desir, ni plus d'affection pour leur salut, qu'en leur decouvrant l'abyme de l'aveuglement dans lequel ils sont, afin qu'ils demandent à Dieu la grace d'en sortir. Je la demande jour & nuit pour eux.

Cette presomption temeraire & criminelle que les Protestans ont herité de leurs Ancêtres, qui

* Luc. 16. 26.

qui est comme un second peché originel, qui demeure dans eux-mêmes quant à la coulpe, aprés le baptême, empêche le retour à l'Eglise, & fait des fausses conversions dans plusieurs de ceux qui sont revenus.

Voici quelle est cette presomption criminelle: De ne s'arrêter ni aux Peres, ni aux Conciles, mais que chacun peut & se doit rendre juge & des Peres & des Conciles, & même des Livres de l'Ecriture, par la lumiere qu'il s'imaginera avoir trouvé dans l'Ecriture, aprés avoir invoqué le Saint Esprit.

Le Demon ne pouvoit jamais inventer une Doctrine plus conforme à l'orgueil de l'esprit, ni plus propre pour le conserver dans l'éloignement, & dans l'aversion de la verité, que de faire établir pour article d'une fausse Confession de Foy, un principe qui est le poison mortel de la verité. Faire Juge de tout, je dis de tout ce qu'il y a de plus grand, de plus saint, & de plus important au monde, l'esprit d'un homme menteur, ignorant, superbe, & aveugle. Ce sont les qualités que l'Ecriture donne à l'esprit de l'homme depuis son peché.

Nos freres separés ne peuvent pas contester ce que j'avance ici, puisque c'est un article de leur Confession de Foy. Quoi, un Artisan, un Paysan de nul esprit, de nulle lit-

litterature, sans education, sans autre travail que d'invoquer en un moment l'assistance du St. Esprit, prononcera sur les verités de la Foy, & ôtera d'un seul coup, sept Livres Saints & Canoniques, du nombre des Livres de l'Ecriture ? Quoi-que l'Eglise dans le 3e Concile de Carthage, tenu il y a treize cens ans *, les ait declarés être Livres Saints, & Ecriture divine,

Ajoûtez à cette presomption criminelle, & hereditaire; la nouvelle distinction, qu'ils ont fabriquée de nos jours, des points fondamentaux, d'avec les non-fondamentaux: & vous concluerez, que c'est une proposition incontestable, que la Religion Protestante porte par ses principes à l'indifference de Religion.

Jamais proposition ne fut établie plus veritablement sur des principes qui portent à cette conclusion; *Je suis juge des Peres, des Conciles, & même des Livres de l'Ecriture, donc je ferai telle Religion que je voudrai; donc je croirai selon que mon esprit m'éclairera & me fera trouver une Religion conforme à mes inclinations.* ** Il ne faut que vojager dans les païs où la Religion Protestante est la Religion dominante, pour connoître que toute Religion y est admise, c'est à dire, qu'il n'y a aucune

Reli-

---

* Anno 485. c. 47.
** Summa Religio, nullam respuere falsitatem.

Religion, mais un fantôme de Religion, où l'on croit ce que l'on veut, pourvû que l'on ne nie point qu'il y ait un Dieu & trois personnes en Dieu, & que le Fils de Dieu se soit fait homme pour nous.

Voilà tout au plus ce que l'on est obligé de croire, pour être reputé bon chretien parmi les Protestans, & passer pour honnet homme.

Une seconde preuve est; Que la Doctrine constante des Protestans est, „ Que les plus „ énormes péchés n'empêchent point que les „ fidelles qui les commettent, ne demeurent „ enfans de DIEU. *

Cette inamissibilité de la justice, donne de l'horreur. Car comment se peut-il faire que l'on soit en même temps, enfant de Dieu, & enfant du Diable. Jesus-Christ disoit aux Pharisiens: *Vous êtes les enfans du diable, & vous voulez executer les desirs de vôtre*

---

* Cette Doctrine de nos freres separés est fondée sur l'article 11, 18 20, & 22. de la Confession de Foy Reformée; & déclarée dans le Synode de Dordrecht en 1619, lequel Synode fut confirmé l'année d'après dans le Synode National des Cevennes. Quoiqu'on ne cite point ici la Confession d'Augsbourg, néanmoins ceux de cette Communion ne nieront pas, que leur Doctrine tend a élargir la voye du Ciel, par leur Supposition de l'Impossibilité d'observer les Commandemens de la Loi de Dieu, & que la simple Foi en la satisfaction du Sauveur suffit à leur justification.

vôtre Pere. * Il leur avoit dit auparavant; Quiconque commet le peché, est esclave du peché. Or l'esclave ne demeure pas toûjours en la maison, mais le fils y demeure toûjours. **

Le St. Apôtre a dit: Quelle union peut il y avoir entre la Justice & l'iniquité? Quel commerce entre la lumiere & les tenebres? Quel accord entre Jesus Christ & Belial? Quel rapport entre le Temple de Dieu, & des Idoles? ***

Posé ce principe detestable, qu'on ne perd jamais la qualité de justes & d'enfans de Dieu, tels crimes que l'on commette; ceux qui font voir, qu'ils ont plus de politique, que de Religion, n'auront aucune peine de s'accommoder d'une autre creance, si elle devient la plus forte.

Lors que l'interêt est le dominant de nôtre cœur, nôtre Religion suit nôtre interêt; les preuves en sont publiques de toutes parts.

Une troisiéme preuve est, ce que disent nos freres separés; Que les Vœux monastiques, deffenses de Mariage & de l'Usage des Viandes, sont procedées de la boutique de Satan, comme aussi la Confession auriculaire.

Depuis le peché d'Adam, nous sommes tous portés au mal, **** mais à tout mal, il n'y

---

* Joan. 8. 44. ** v. 34. *** 2 Cor. 6, 15.
**** Gen. 6 5. Cuncta cogitatio cordis intenta ad malum, omni tempore.

n'y a que la grace de nôtre Seigneur Jesus-Christ qui nous empêche d'y tomber; cette grace nous inspire des preservatifs, qui sont les jeunes, les austerités, une vie chaste, & éloignée du monde, la frequentation des Sacremens; avec ces remedes l'on se conserve dans l'amour de Jesus-Christ; sans ces remedes l'on tombe dans le desordre, & du desordre dans l'insensiblité sur la perte de son salut.

Je ne veux point d'autres preuves, que ce que Luther dit de soi même; *Tandis*, dit-il, *qu'il a vécu dans nôtre Communion, il a reprimé les mouvemens de sa chair, par des veilles, des jeunes, & des priéres, il a eu un grand respect pour le Pape, & a pratiqué la chasteté, la pauvreté, & l'obeïssance.* * Je n'oserois ajouter ce qu'il dit du dereglement de sa vie, depuis sa pretenduë Reformation, & j'aurois honte de rapporter ce qu'il deduit sans pudeur, mais avec une effronterie qui me fait rougir pour lui.

J'écris (graces à nôtre Seigneur Jesus-Christ) avec beaucoup de compassion sur l'aveuglement de nos freres separés; ils sont dignes de toutes larmes, car ils font gloire d'avoir ôté les remedes qui devoient leur donner la vie de leurs ames. *Insani adversus*

* Lutherus tom. 5. in c. 1. ad Galat. v. 14. fol. 109.

fus antidotum, quo salvari potuissent, pour me servir des termes de St. Augustin. *

Une quatrième preuve est, qu'ils n'ont aucunes Ceremonies de Religion, qui les unissent ensemble dans le service de DIEU, par obligation. Ils ne peuvent en trouver aucune dans les Articles de leur Confession de Foi. Bien éloignés de cela, ils condamnent les Assemblées de la Papauté. Ils disent anatheme à tous ceux qui y viennent, & declarent que tous les Pasteurs sont égaux; *Sans qu'aucun Pasteur, ni qu'aucune Eglise doive pretendre domination ou seigneurie sur l'autre.*

Voilà un grand chemin, & très seur, ou à l'Atheïsme, ou au moins à l'indifference de Religion. Il est remarqué dans l'Histoire Romaine, que durant les proscriptions du Triumvirat, un Senateur Romain, pour n'être pas connu des assassins, avoit mis un emplatre sur un de ses yeux, comme s'il l'avoit perdu; le tems de ces sanglantes tragedies étant passé, il fit ôter son emplatre, dans l'esperance de se servir de cet œil; mais la faculté de la vûë par le non exercice de cet œil, les rayons visuels étoient passés à l'autre œil; desorte qu'il demeura veritablement borgne, & n'ayant qu'un œil jusques à la mort.

L'ex-

* Si præocupatus fuerit homo in aliquo delicto, vos qui spirituales estis, hujusmodi instruite in spiritu lenitatis; considerans te ipsum. Gal. 6. 1. Art. 28. Art. 30.

L'experience nous fait connoître tous les jours, que l'on tombe dans l'irreligion, faute d'exercice & de pratique dans les obligations de la Religion. Cela est une verité d'experience. D'où s'ensuit que nos Freres separés, n'ont aucune obligation exterieure, qui les unisse ensemble indispensablement, dans les Exercices & les Ceremonies publiques d'un culte divin, qui excite au Respect & à la Devotion envers la divinité & manifeste la Communion des Saints. Ils tombent insensiblement dans l'indifference de Religion, & de là dans l'Incrédulité, qu'ils croyent cacher en se ventant d'être honnêtes gens. Je les prie donc de ne pas se refuser plus longtems aux exhortations que la bonté divine leur fait faire, de rentrer dans l'Unité, sainteté, & Catholicité du Bercail Apostolique, où seul ils peuvent jouir de la grande grace que Dieu a bien voulu accorder à ceux qui écouteroient son Eglise, savoir l'Usage des Saints Sacrements qui sont des Sources pour la Vie éternelle, dont hors de l'Eglise Catholique on ne trouve que les noms, & non pas la réalité : puisque les ministres des differentes sectes n'ayant point la Mission Apostolique, ils n'ont point la puissance de consacrer la Sainte Eucharistie, & ne peuvent délier les pécheurs, étans eux-mêmes liés par le Ban qu'a prononcé contre eux & contre leurs adhérants la sainte Eglise Catholique & Apostolique.

COURTE CONTROVERSE
SUR LA QUESTION:
S'IL FAUT ECOUTER AVEC SOUMISSION L'EGLISE CATHOLIQUE?

Cé qu'on va rapporter est tiré des Sermons de la fondation de M. Boyle. Les plus habiles Anglois ont été chargés de ces Traités importans. Mr. Ibbot tient un rang distingué entre ces illustres Ecrivains : on ne peut lui refuser un profond sçavoir & un esprit élevé; il suffit, pour s'en convaincre, de sçavoir le rang qu'il occupe parmi les Sçavans de sa Nation, qui, comme on sçait, est une des plus cultivées de l'Europe.

Je me bornerai à rapporter fidèlement les solutions que ce Docteur donne aux argumens des Catholiques; j'y ajouterai des courtes réflexions en faveur de ceux, qui n'étant pas assez versés dans ces matiéres, n'appercevroient pas facilement en quoi péchent les réponses du Docteur Anglois. Après cela j'espere que tout esprit qui lira sans prévention, sera convaincu que la Soumission à l'Eglise life est si obligatoire, qu'on ne peut s'y refuser, après avoir bien considéré les absurdités & les faussetés que le Schisme est obligé d'employer pour la combattre. Le Sermon dont il est ici question se trouve dans le tome 4. de l'Ouvrage intitulé : *Défense de la Religion naturelle & révélée, contre les Infideles & les Incrédules.*

L'objet principal de ces Sermons est de montrer l'usage que l'on doit faire du jugement particulier, ou de la liberté de penser. Il est aisé de concevoir que M. Ibbot Anglois & Protestant a dû appuyer ce système, & combattre la voie d'autorité employée par l'Eglise. Il est vrai qu'il met certaines restrictions, qui ne permettent pas d'aller aussi loin que quelques uns de sa Communion. Toutefois il ne peut fléchir sous le joug de l'autorité ; il met la raison pour le principal motif de notre consentement aux vérités révélées. Comme il est de bonnefoi, il n'a pas cru devoir dissimuler les objections de ses adversaires : on ne peut l'accuser de les énerver, en homme de beaucoup d'esprit il les rapporte avec netteté & précision. Il me reste à examiner ses réponses, pour en faire sentir l'insuffisance au lecteur judicieux. Je prie seulement qu'on fasse attention, que si un homme aussi docte, qui possédoit à fond tout ce que les Protestans ont écrit de meilleur, n'a pû répondre solidement aux raisons des Catholiques, cela ne peut provenir que de de la méchanceté de la Cause qu'il défend C'est ce dont on va juger.

Voici la premiere objection que se propose M. Ibbot : * *La liberté que l'on abandonne à chacun de juger pour soi-même, dans les choses de la Religion, doit avoir pour suite nécessaire une grande diversité de sentimens, qui déchirent le sein de l'Eglise Chrétienne, & qui ne peuvent aussi qu'y causer un grand nombre d'erreurs pernicieuses, & d'affreuses hérésies.*

Je réponds 1mo. dit-il, que l'on suppose contre toute vraisemblance, & contre tout le respect qui est dû à la Religion Chrétienne, que la liberté de juger pour soi même, abandonnée à chacun, doit naturellement introduire la division parmi les Chrétiens, & en rendre la foi arbitraire ; il me paroit évident au contraire que plus cette Religion seroit étudiée & connuë, & plus aussi elle devroit rapprocher les cœurs, & réunir les esprits. Ce n'est point une supposition contre la vraisemblance, mais un fait certain, que chez les Protestans, où l'on juge par soi même, il regne une grande division, & que chez eux la foi est arbitraire. M. Ibbot sans sortir de son Isle, pouvoit s'en convaincre par tout ce qu'il voyoit sous ses yeux. D'où vient cette multitude de Sectes qui inondent l'Angleterre ? D'où vient cette prodigieuse diversité de sentimens parmi

* Pag. 503. & suiv.

mi ceux qui font d'une même Eglife, que dis-je, dans une même famille? C'eft l'efprit particulier & la voie d'examen qui ont enfanté cette confufion. On ne conteftera pas que les Proteftans n'étudient l'Ecriture; cette étude a-t'elle fervi à rapprocher les cœurs, & à réunir les efprits? La maxime que le fçavant Anglois avance ici, eft démentie par l'expérience; ce n'eft donc qu'une fauffe conjecture. Il ajoute: *Le fecret, les ténèbres, l'ignorance ne conviennent qu'aux fauffes Religions, qui doivent toujours craindre d'être approfondies. La vraie eft la lumiere, & aime la lumiere.* Ne diroit-on pas, à entendre M. Ibbot, que les Catholiques ont des myfteres fecrets qu'ils n'oferoient produire au grand jour? qu'on cache parmi nous certaines doctrines, qui ne vont pas jufqu'au peuple? Tous nos dogmes fe trouvent dans les Catéchifmes qu'on met en main des enfans mêmes. L'Eglife eft fi eloignée de favorifer l'ignorance, qu'elle ne ceffe d'exhorter les fideles de s'inftruire, & qu'elle ordonne aux Pafteurs de leur rompre le pain de la parole avec affiduité. Le Docteur Anglois ne fait donc ici qu'une vaine déclamation, qui ne touche point le fond de la queftion.

J'ajoute 2do. dit-il, *que dans les tems & les lieux où la liberté de juger par foi même a été reconnue, elle y a été fi peu la fource néceffaire des diffentions, des erreurs & des héréfies,* qu'on qu'on y a vû de vastes multitudes de Chrétiens vivre dans la plus parfaite union de symbole & de culte; nous en appellons au siécle heureux de l'Eglise naissante. On soutient à M. Ibbot qu'on ne peut assigner aucun tems, où il a été d'usage dans l'Eglise, que les fideles réglassent leur foi sur leur examen particulier. C'a toujours été aux premiers Pasteurs à prononcer sur les doutes qui s'élevoient; eux seuls ont pû les fixer. C'est en effet ce qui a paru dans l'Eglise naissante touchant le doute où l'on étoit, si on devoit encore s'assujettir à certaines observances de la loi. Les Apôtres & les Anciens s'assemblerent pour prononcer sur cette difficulté, & ce Concile termina le différend; les multitudes de Chrétiens qui vivoient dans l'union, n'en étoient redevables qu'à leur soumission à la voix de leurs Pasteurs; car s'ils eussent voulu suivre leur sens privé, ils se seroient divisés, comme il est arrivé aux Protestans, quand ils ont suivi cette méthode. Cette union au reste étoit si peu le fruit de l'examen par soi même de l'Ecriture, que S. Irenée atteste qu'il y avoit de grandes multitudes de Chrétiens qui vivoient dans la foi sans le secours de l'Ecriture, qui ne se trouvoit pas chez eux. La seule doctrine qu'ils puisoient chez leurs Pasteurs, suffisoit pour cela.

Mais

Mais 3tio. *sur quoi fondé prétend-on que c'est de l'étude & de la connoissance de la Religion Chrétienne que viennent les schismes & les opinions monstrueuses qui la dénaturent, ou qui la renversent?* C'est sur l'expérience qu'on se fonde, quand on assure que la chose est ainsi. Il faut néanmoins distinguer deux sortes d'études de la Religon ; l'une qui se fait avec la soumission duë aux oracles de l'Eglise; on avoue que celle-ci ne peut produire de schismes ni d'opinions erronées : l'autre est celle que chaque particulier fait, en ne suivant que ses lumieres propres, & méprisant de s'en tenir à la décision des premiers Pasteurs. Qui ne sent que cette voie ne peut aboutir qu'à l'erreur, & c'est en effet où ont échoué tous ceux qui l'ont suivie.

Ne seroit-il pas plus sûr, ajoute M. Ibbot, *d'en chercher l'origine dans la vanité des uns qui s'entêtent de leurs propres idées? Dans l'orgueil des autres qui veulent faire parler d'eux dans le monde? Dans un fond d'avarice, qui cherche à faire commerce de son sçavoir dans les choses sacrées? Dans un fond de corruption*, &c. On n'a garde de nier que toutes ces choses ne soient des sources des erreurs en matiére de Religion ; c'en sont même, si l'on veut, les principales : c'est pour les éviter surement, que les particuliers doivent s'attacher à la voie d'autorité,

rité, qui est celle dont se servent les Catholiques. Tout le tems qu'on s'en rapportera à ses propres lumières, d'où sçaura-t-on qu'un orgueil secret n'est pas le motif qui nous fait suivre telle ou telle opinion? Qui pourra s'assurer que la vanité, l'avarice, n'influe pas principalement, quand on se décide pour un parti, plûtôt que pour un autre? Le cœur humain a tant de replis, qu'il est bien difficile de démêler au juste quel est son principal motif. Rien de si aisé, que de se faire illusion sur ce discernement.

Supposé pourtant 4to. *que tout ce désordre ne vint que de la liberté de juger pour soi-même, s'ensuivroit-il que cette liberté dût être abolie?* Oui sans doute, on devroit interdire l'usage d'une chose qui cause des effets si pernicieux. On voit par cet aveu du Docteur Ibbot qu'il n'a pû dissimuler les suites fâcheuses que l'examen particulier entraîne avec soi. Il tâche de les couvrir par une réponse aussi fausse que l'est son principe, en ajoutant, *Hé! Comment le feroit-on? La chose est impossible; elle seroit même d'une injustice criante, puisque l'on dépouilleroit les hommes du privilege le plus essentiel & le plus distinctif de l'humanité.* Voilà un sophisme des plus grossiers. On confond l'essence de la liberté avec son exercice désordonné. Est-ce que les loix nous dépouillent de l'humanité? Nous privent-elles d'être des créatures libres, quand elles défendent aux particuliers de se faire justice à eux-mêmes? Il n'est pas douteux que le pouvoir d'agir d'une façon ou d'une autre, en quoi consiste la nature de la liberté, ne soit essentiel à l'homme; mais il n'est pas moins certain qu'on peut lui interdire telles ou telles actions qui iroient à son désavantage, ou à celui de la société. Il auroit tort de se récrier qu'on le prive de son privilége le plus distinctif. L'examen pour soi-même est pernicieux en fait de Religion; on a donc droit d'exiger la soumission aux Pasteurs, & c'est en effet ce que Dieu prescrit.

5to. *Il y a, dit on, beaucoup d'inconvéniens à leur (aux hommes) laisser cette liberté, vû les divers abus qu'ils en peuvent faire, & qu'ils en font si souvent. J'en conviens, mais sans dire que ces inconvéniens seroient peut-être plus grands à la supprimer, je demande en vertu de quelle autorité l'on prétend dépouiller les hommes d'un droit, dont Dieu lui-même les a investis?* Puis il ajoute plus bas: *Ce seroit donner un coup mortel à la nature humaine, & ne la rendroit-il pas aussi incapable de vertu que de vice?* Je n'ajoute ces dernieres paroles, que pour faire voir que M. Ibbot employe ici le même sophisme, que celui dont il s'est servi plus haut, en confondant l'essence de la liberté avec son exercice, car à moins d'entendre ce qu'il dit

de

de la liberté prise en elle-même, son raisonnement manque de sens. D'ailleurs, qui ne sçait que quoiqu'on fasse, on ne peut jamais ôter à l'homme sa liberté ; la violence la plus marquée ne peut lui ravir cette faculté, qui fait partie de son être raisonnable. A plus forte raison quand l'Eglise exige de ses enfans de la docilité & de la soumission, on ne doit rien craindre pour la liberté. M. Ibbot est contraint d'avouer qu'il s'ensuit beaucoup d'inconvéniens de la liberté d'examiner pour soi même : c'est tout ce qu'on prétend lui prouver, & son aveu mérite d'être remarqué. Il n'est pas croyable que J. C. la souveraine Sagesse, n'ait donné à son Eglise qu'un moyen pour connoître la vérité, qui seroit sujet à beaucoup d'inconvéniens, comme le Docteur Anglois est forcé d'en convenir.

6to. *En vain on parle pour cet effet d'une succession de Juges infaillibles dans le sein de l'Eglise Chrétienne.* Non, ce n'est pas vainement qu'on fait valoir cette succession, puisqu'elle seule peut remédier aux maux du schisme & de l'hérésie. *Nous croyons pouvoir établir avec confiance, que l'infaillibilité d'un Juge visible ne remédieroit à rien dans l'Eglise. Il y a des Communions qui prétendent posseder cet abrégé des Controverses ; & peut-on dire de bonne foi qu'il y ait dans leur sein moins de divisions, moins de disputes, qu'il* n'y en a dans les Païs les plus libres ? N'y a eu un tems où, les Apôtres vivans encore, l'Eglise posseda des guides infaillibles: & qui ne sçait que dans ces tems là même, l'Eglise fut extrêmement divisée, qu'il y eût des erreurs & des hérésies? On ne connoit qu'une Communion qui prétende avoir l'infaillibilité; quand on avance, qu'elle ne remédie à rien, y pense-t-on bien ? N'est ce pas quelque chose d'indiquer sûrement le vrai sens de la parole de DIEU, & d'éloigner tout ce qui lui est étranger ? Que faut-il de plus aux fideles pour marcher sans danger, & pour fixer leur foi? Les divisions & les disputes qu'on suppose dans l'Eglise Romaine, ne regardent point les dogmes & les articles de foi définis, elles ne roulent que sur des matieres indécises, où chacun sans péril peut opiner comme il lui plait. On ne peut lire sans étonnement ce que M. Ibbot dit ici, que dans l'Eglise primitive, sous les Apôtres même, il y a eu des erreurs & des hérésies. Il n'y a pas assez réflechi. On avoueroit volontiers que de leur tems il s'est vû des hérésies: mais jamais l'Eglise ne renferma d'hérétiques dans son sein; aussi-tôt qu'ils ont joint l'erreur à l'obstination, elle les a bannis de sa Communion. Ils sont sortis d'entre nous, dit S. Jean, parce qu'ils n'étoient pas des nôtres. M. Ibbot remarque que les hérésies peuvent produire un bien,

bien, mais ce n'est pas une raison pour adopter un principe qui tend à les faire naitre.

La seconde objection que se propose M. Ibbot est conçuë en ces termes : *Si vous accordez à chacun la liberté de juger pour soi-même, vous lui accorderez, dit-on, celle de ne croire que ce qui lui paroit vrai, & par conséquent celle de ne point croire des articles fondamentaux de la Religion Chrétienne, qui ne lui paroitront pas véritables.*

Telle est la difficulté que nous proposons aux Protestans ; voyons comment le Docteur Anglois la résout. *La reponse, dit-il, est aisée, & se présente actuellement d'elle-même, on pose un cas impossible. Car si l'Ecriture est la regle unique de la foi du Chrétien, & si cette Ecriture est claire dans toutes les choses dont la connoissance est nécessaire pour le salut, il est d'une entiere impossibilité qu'un homme, qui étudie sa Religion dans la droiture de cœur que cet ouvrage demande, n'y découvre pas toutes les vérités salutaires, ou qu'il en rejette aucune de cet ordre qu'il y aura trouvées.* Il y auroit bien des choses à dire sur ce qu'on vient de lire ; mais comme on s'est fait une loi d'être succint, on se contentera de quelques réflexions, qui en développeront le faux. Le cas posé est si peu impossible, qu'il existe actuellement. Est-ce que les Sociniens, en jugeant par eux-mêmes, ne nient pas des articles fondamentaux, quand ils soutiennent que J. C. n'est point Dieu, & qu'ils en disent autant du S. Esprit? D'ailleurs on sçait assez combien on a pressé les Protestans, quand on leur a montré l'impossibilité où ils étoient de fixer la différence d'un article fondamental avec un autre qu'ils prétendent n'être pas tel. Quel est le but de M. Ibbot, quand il établit comme certain ce qui n'est qu'une pure supposition? *Si l'Ecriture*, dit-il, *est la regle unique des Chrétiens.* Ne sçait-il pas que c'est une chose contestée, & que les Catholiques soutiennent que la Tradition n'a pas moins de force pour constater un dogme que l'Ecriture même? Il ne peut encore ignorer que cette Communion n'admet point la clarté qu'il suppose dans l'Ecriture, & qu'elle a besoin d'être interprétée par un Juge vivant. Il y a de la mauvaise foi à supposer comme certain & avoué une chose qui est contestée si légitimement. Tout son raisonnement appuyé sur des conditionnelles fausses, ne peut avoir aucune solidité. Où cet Ecrivain a-t-il pris l'impossibilité qu'il suppose, de ne pas voir toutes les vérités nécessaires, quand on étudie l'Ecriture dans la droiture du cœur? Premiérement cette condition, d'avoir le cœur droit, est une chose dont on ne peut s'assurer; on peut se faire aisément illusion sur cela.

cela. Qui, de Luther ou de Calvin, a manqué de droiture de cœur, quand ils ont vû des choses contradictoires dans la même Ecriture? L'un ou l'autre se trompe ; disons mieux, ils errent tous deux, en n'admettant l'un que l'impanation, & l'autre la seule figure. Il n'est donc pas impossible en étudiant l'Ecriture, de rejetter des vérités essentielles, ou de ne pas voir celles qui sont de cet ordre.

Ce que le Docteur ajoute n'est pas moins répréhensible : *On conçoit seulement avec facilité, qu'il y aura bien des choses qu'il pourra n'entendre pas, on ne pas prendre dans le vrai sens; mais il reste toujours à prouver que la foi de ces choses-là soit absolument nécessaire, ou que l'ignorance involontaire en soit criminelle & damnable.* L'évidence force M. Ibbot de faire un aveu qui va plus loin quil n'a cru; car s'il est vrai qu'une homme qui étudie l'Ecriture avec les dispositions qu'il exige, peut n'entendre pas, ou ne pas prendre dans le vrai sens bien des choses, c'est une marque assurée qu'il y a beaucoup d'obscurités dans l'Ecriture. Or cela supposé je demande au Docteur Anglois qu'il me prouve, que tous les passages obscurs ne regardent point ce qui est essentiel à la foi. On apperçoit bien qu'il ne réussira jamais, & qu'il ne fera pour cela que de vains efforts. Si Dieu a permis qu'il se trouvât dans sa parole de

l'obsl'obscurité, on ne voit aucune raison pourquoi certains endroits en seroient plus exemts que d'autres; sur-tout, si on suppose avec les Catholiques que l'Eglise en possède le vrai sens, & qu'elle peut la développer sans crainte de se tromper. Quand M. Ibbot exige de nous qu'on lui prouve que les endroits de l'Ecriture que l'on prend mal, appartiennent à la foi, nous serions en droit de lui demander comment il prouveroit qu'on ne peut errer sur ces choses-là, & il seroit fort embarassé; mais il nous est aisé de le satisfaire. Il ne contestera pas, je pense, qu'il est absolument nécessaire de croire la Divinité du Verbe; il n'est pas moins certain que Crellius & d'autres Sociniens ne prennent pas le vrai sens du commencement de l'Evangile de S. Jean, qui concerne ce point de la foi, qui est un des fondamentaux, ou il n'en est point. On est bien éloigné de dire que l'ignorance involontaire soit criminelle ou damnable; mais il faut remarquer que celle que M. Ibbot nomme involontaire, ne l'est nullement. Si un Protestant s'égare en lisant l'Ecriture, c'est sa faute, & c'est avec justice qu'elle lui sera imputée, son orgueil & sa présomption en sont la cause. Il ne tiendroit qu'à lui d'avoir de la docilité pour l'Eglise, en l'écoutant il seroit assuré de ne pas se tromper. C'est donc très-volontairement qu'un Protestant ignore des choses ab-

solufolument nécessaires, qu'il n'apperçoit pas dans l'Ecriture. Qu'il se rejoigne à l'Eglise, il sçaura par ce moyen tout ce qu'il doit savoir.

Voici la troisiéme objection que se fait M. Ibbot: *Dès que chacun a droit de choisir sa Religion pour soi-même, il a celui de croire que celle qu'il a choisie, est la vraie; & voilà qui met toutes les Religions à niveau, c'est à dire, qui donne aux plus fausses tous les privileges de la vérité.*

On remarque ici que M. Ibbot n'énerve point les difficultés, il les propose dans toute leur force. Le lecteur s'attend à une réponse travaillée pour résoudre cette objection qui est considérable, mais le Docteur Anglois s'en tire plus légerement. *Sophisme tout pur, répondrai-je aussi-tôt.* Il faudroit au moins montrer en quoi péche le raisonnement de ses adversaires. Imagine-t-il qu'on le croira sur sa parole? Après avoir tranché magistralement le nœud de la difficulté, il ajoute un verbiage qui ne pourra jamais en imposer à quelqu'un tant soit peu attentif. Voici ce qu'il dit: *Le choix qu'on fait des choses n'en change jamais la nature. Indépendamment du jugement que nous en portons, toute Religion a ses preuves & ses caracteres de vérité ou de fausseté, qui lui appartiennent en propre.* Oui; mais la question est de sçavoir, si chaque particulier

lier peut surement connoitre ces caractéres. *Hé bien, que chacun tienne pour vraie celle qu'il a choisie, il ne s'ensuit nullement qu'elles soient toutes égales. Celle qu'un homme choisit, par exemple, est bien vraie par rapport à lui: mais cela ne fait point qu'elle le soit en elle même, parce qu'il a pû se tromper dans la préférence qu'il lui a donnée.* Qui ne voit qui'ici M. Ibbot accorde à ses adversaires tout ce qu'ils prétendent? L'objection ne veut pas dire que toute Religion est vraie, ce que notre Docteur combat inutilement; on veut prouver que l'examen de l'Ecriture par ses propres lumieres est insuffisant pour trouver la vraie Religion: & qu'en suivant cette voie on peut s'égarer; c'est à quoi M. Ibbot ne satisfait pas par sa réponse. Ce qu'il ajoute n'y a pas plus de trait: *Il est sûr, au moins, que le principe, qui laisse à chacun le droit de juger pour soi même, ne sauroit conclure à l'égalité de toutes les Religions avec la même force, que celui qui ravit aux hommes cette liberté. Car, si l'on doit être aveuglément de la Religion de son Païs, de sa famille, de ses Ancêtres, il faut que ce soit parce que celle de naissance est infailliblement vraie.* Les Catholiques sont bien éloignés d'avoir cette pensée; au contraire, ils disent aux Protestans qu'ils ont tort de rester dans la Religion de leurs peres. On ne doit point croire aveuglément touchant la bonté d'une Religion; la vraie a des caractéres

res évidens qui la séparent de toutes les fausses. Nous n'y sommes attachés que par ces marques frappantes, qui se font sentir, quand on veut se dépouiller de ses préjugés & de l'esprit d'obstination.

La quatriéme objection est ainsi proposée: *Le droit de juger pour soi-même rend arbitraire la différence entre le bien & le mal, & mene directement à légitimer les actions les plus folles & les plus criminelles, auxquelles la Religion servira de prétexte.* Le sçavant Anglois semble n'avoir formé cette objection que sur des faits qui se sont passés ensuite de la prétendüe Réforme, qui donnoit à chaque particulier le droit d'interpréter l'Ecriture sainte. De quelle autre source est venuë cette licence effrénée, qui a produit ce qu'on appelle la guerre des Païsans? L'on a cru voir dans les Livres saints, que les Chrétiens sont appellés à un esprit de liberté; de là la révolte des sujets contre leurs Souverains légitimes: de-là toutes les extravagances des Quaquers & des Piétistes; ajoutons encore celles des Non-Conformistes en Ecosse. En vit on jamais de plus marquées que celles qu'ils ont faites à l'occasion des habillemens des Ecclésiastiques, & touchant les Rits les plus indifférens, qui ont causés des soulevemens étranges. Les Anglois mêmes ont tourné en ridicule les bruits scandaleux que les Ministres Puritains ont faits? pour des choses

qui

qui le méritoient si peu. Qu'est-ce que des actions folles, si celles là ne le sont pas?

Revenons à la réponse de notre Docteur, elle est semblable à la précédente; c'est une déclamation toute pure, qui ne touche pas le fond de la question. Voici comme il répond: *Autre sophisme, & qui ne differe du précédent que par le tour qu'on lui donne. La différence entre les vices & les vertus est fixe, essentielle, immuable, & ne dépend jamais de notre caprice ou de nos idées. Que s'il est pourtant possible que les hommes s'y méprennent, malgré l'évidence des choses, malgré les principes de la Religion naturelle, malgré les lumieres de la conscience, cela ne peut-être que pour des hommes qui n'étudient pas leur devoir dans l'Ecriture, ou qui ne l'y cherchent pas avec sincérité. Ce malheur n'est véritablement à craindre que de la part de ceux qui s'abandonnent aveuglement à la conduite de quelqu'autre autorité que celle de DIEU.* On ne peut nier que la différence entre les vices & les vertus ne dépend point de nos idées; mais quand on ne prend pour regle que ses idées, rien n'est plus aisé que de prendre le mal pour le bien. Le Docteur n'ose contester que cela ne soit possible, quand on force les barrieres de la loi naturelle & de la conscience. Mais quoi de plus commun que de voir ces impressions étouffées? M. Ibbot osera-t-il dire que les premiers Réformateurs n'étudioient

pas

pas leur devoir dans l'Ecriture. Malgré cela ignore t on les monstrueuses doctrines qu'ils ont répanduës? Elles sont si honteuses, que leurs Sectateurs les désavouent sur cela. Que n'ont pas avancé Luther, Calvin & tant d'autres, dont M. Ibbot n'oseroit défendre les excès. C'est mal à propos qu'il fait ici mention de sincérité, chacun s'en pique, & on ne peut convaincre personne d'en manquer; c'est avoir recours à une qualité occulte. La fin de cette mauvaise réponse tombe sur les Catholiques, qu'il accuse d'être exposés à l'erreur, en croyant aveuglément. Ils ne le reposent que sur l'autorité de l'Eglise, qu'ils sçavent être infaillible, cela les préserve de tout égarement. Cette autorité n'est pas autre que celle de J. C. qui a dit en parlant des Pasteurs qu'il a établis: Qui vous écoute, m'écoute. Le Docteur Anglois feint d'ignorer notre doctrine, pour combattre avec avantage une chimere.

La derniere objection que se propose M. Ibbot, est ainsi conçuë: *Mais enfin, répete-t-on à toute heure, quels ne seront point les abus qu'introduira dans l'Eglise la liberté que l'on laisse à chacun de lire l'Ecriture, d'examiner sa Religion, d'en juger pour soi-même? Il n'y aura point de petit Artisan qui ne présume de sa suffisance, qui ne s'érige en Docteur, qui ne se croye aussi habile que ses Pasteurs, qui ne néglige les instructions qu'il en devroit recevoir.*

voir. Voilà les raisons, par lesquelles l'Eglise Catholique renverse toutes les sectes qui osent s'élever contre elle. Elles sont accablantes, & je m'étonne qu'elles n'ouvrent pas les yeux à nos freres errans; d'autant plus que la pratique ne justifie que trop, que tout ce qu'on dit ici se vérifie à la lettre. On s'attend peut être que M. Ibbot va faire des efforts, ou pour embrouiller son lecteur, ou pour satisfaire avec quelque apparence à ce raisonnement victorieux. Point du tout; c'est un esprit droit qui ne peut se refuser à ce qui le frappe: c'est un homme franc, & qui parle comme il pense. Que répond-il donc à ces fâcheux inconvéniens, qui battent sa secte en ruine? Un seul mot: *J'en conviens. Ce sont là des abus à craindre, peut-être même inévitables.* Cela nous suffit: tout est terminé par cet aveu. On ne concevra jamais que J. C. ait établi son Eglise sur des fondemens aussi caducs, que ceux qui l'exposeroient à de semblables abus: de l'aveu des Protestans leur Eglise ne peut les éviter, cette société n'est donc pas celle que le Fils de Dieu a établie.

J'avouerai au Public, que j'ai eu une véritable satisfaction, quand j'ai vû M. Ibbot se proposer les difficultés les plus pressantes, que j'avois ramassées contre les hérétiques de nos jours; & qu'un Auteur si éclairé, & si sçavant n'ait pû y répondre que d'une façon,
qui

qui marque combien sa Cause est déplorable. Je n'ai plus douté que si on compare ses réponses avec la force des objections, que tout homme non prévenu sentira que l'on combat toujours avec désavantage, quand on s'élève contre l'Eglise. Toute l'érudition du sçavant Anglois, la force de sa logique, son zèle pour sa secte, tout cela n'a été qu'une foible ressource contre la vérité qu'il vouloit obscurcir. Dieu soit loué de la victoire que son Eglise tire de la bouche de ses ennemis les plus déclarés & les plus opiniâtres ; disons donc, comme Moïse dans son Cantique : Nos propres ennemis jugent en notre faveur. Qu'est-ce autre chose que les aveus forcés que nous venons de lire, sortis de la bouche de M. Ibbot ? Certes, si la Cause des Protestans succombe en de pareilles mains, il faut croire que personne ne pourra dorénavant en entreprendre la défense.

Je me contenterai des courtes réflexions que j'ai faites sur les réponses de M. Ibbot ; mais avant de le quitter, je crois intéressant pour la Religion Catholique de remarquer encore certains principes qui lui sont familiers, & qui prouvent ce que nous avons avancé dans le Titre qui est à la tête de cet Ouvrage. On se souvient qu'on a dit, que la tolérance de toutes les Religions étoit une suite du principe commun à tous les Protestans ; en voici la preuve bien claire dans

notre

notre Docteur Anglois. * Si je veux, dit-il, que ma conscience soit libre, je dois le vouloir pour une raison générale; & parce qu'il est juste que celle de mon prochain jouisse d'une liberté toute pareille à la mienne, de quel droit pourrois je donc user d'intolérance à son égard, m'irriter contre lui, le haïr ou le persécuter, parce qu'il juge des choses autrement que je ne le fais, qu'il les voit d'un autre œil, & que son examen lui en a donné de différentes idées ? Il peut se tromper ; mais suis je infaillible ? Il se trompe ! Hé bien ! La charité m'oblige de lui communiquer mes lumieres, pour le retirer de l'erreur. Mais comme il croit, lui, que c'est moi qui me trompe, quelles raisons puis je avoir de l'injurier ou de le maltraiter, qu'il n'ait pas à son tour contre moi ? Voilà ce que la plus droite raison peut dicter, quand on est dans les principes des Protestans. Mais cela prouve en même tems que nous avons eu raison d'avancer, que la prétenduë Réformation autorise toutes les sectes. Cela démontre encore l'injustice des Anglois, & de tant d'autres Sectaires, qui n'usent pas de tolérance envers les Catholiques; ils ont donc double balance. Ils n'usent d'indulgence qu'envers ceux qui errent, afin de grossir leur parti; mais pour la vraie Eglise ils sont intolérans.

M. Ibbot, sçavant comme il est, n'a pû dissimuler que c'étoit une démarche bien hardie de mépriser toute l'antiquité, attendu, du, dit-il, que *les prémiers Ecrivains de l'Eglise, & sur-tout ceux qui vécurent au tems des Apôtres, ou le plus près de leur tems, furent à portée de mieux connoitre la Religion Chrétienne, que nous le sommes, à la distance de tant de siécles. Il est donc juste que leur autorité décide, & que leur foi soit la nôtre.* Cette preuve est la meilleure qu'on puisse apporter pour l'autorité des Peres & de la Tradition. Je ne puis me lasser de louer la bonnefoi de M. Ibbot à rapporter les raisons des Catholiques; mais y satisfait-il bien? Le lecteur en jugera. C'est ici un point important, & qui mérite que l'Anglois fasse des efforts pour se débarasser de cette difficulté. Ecoutons-le: *S'il ne s'agissoit que de considérer l'antiquité Chrétienne, comme garant des faits historiques dont elle nous a conservé la mémoire, & que nous ne pauvons sçavoir que par elle; il n'y a point de doute qu'elle ne mérite une entiere créance.* Je me borne à cet aveu aussi simple que précis. On a prouvé ci-dessus que la Religion Chrétienne n'étoit que des faits; de l'aveu de M. Ibbot, l'antiquité mérite une entiere créance pour les faits. On ne peut donc refuser d'admettre le témoignage de la Tradition, ou de l'antiquité, qui est la même chose. Voici donc le témoignage des Peres rentré dans tous ses droits, de l'aveu même d'un des plus sçavans Protestans. Telle est la force de la vérité, qu'elle se fait avouer

de

de ses plus grands ennemis, quand l'esprit de chicanne ne les anime pas. Ce seroit vainement qu'on objecteroit que M. Ibbot ne parle que des faits historiques : car les autres faits qui constatent la Religion, sont de même nature. Il s'agit de sçavoir quel sens les Apôtres & leurs Disciples attachoient à ces paroles : *Ceci est mon Corps*. Or je soutiens que lorsqu'une chaîne de témoins, en descendant depuis les commencemens de l'Eglise jusqu'à nous, déposent * que ces mots ont toujours été entendus dans le sens de la réalité ; ce témoignage est aussi fort & aussi certain pour ce fait, que pour tout fait historique. Tout ce qu'on pourra alléguer en faveur de la vérité du fait historique, sera aussi pressant pour la vérité du fait dogmatique. Qu'on fasse un parallele des raisons, on les trouvera d'un poids égal. De-là je tire cette conséquence : ou le raisonnement de M. Ibbot ne vaut rien pour les faits historiques ; ou il prouve également les faits de doctrine. Nier le premier, c'est résister à ce qu'il y a de plus évident, on ne peut donc se refuser au second.

Le même Ouvrage, d'où j'ai tiré ce qu'on vient de lire, m'a fourni matiere à une réflexion que je ne puis passer sous silence. On se souvient que nous avons fait sentir plus haut

---

* Ces Depositions se voient incontestablement dans le Livre intitulé *Perpetuité de la Foi de l'Eglise sur l'Eucharistie*, en 5 Voll, 4to.

haut la difficulté de l'examen particulier. Elle n'a pas échappée à un très habile Protestant, c'est M. Leng Evêque de Norwich; * il l'a proposé dans toute sa force; mais en y répondant, il est contraint d'adopter le système Catholique: on va en juger. Je fais droit sur de pareils aveus, parce qu'ils montrent la force de la vérité, qui les arrache, pour ainsi dire, de ses adversaires. *Mais*, dit ce Docteur, *ici se présente à l'esprit une foule de difficultés, qui d'ordinaire effrayent & révoltent. Sur quoi doit rouler l'examen? Faut-il comparer toutes les Religions qu'il y a eu autrefois, ou qu'il peut encore y avoir sur la terre? Faut-il vérifier les titres de tous les prétendus inspirés? Faut-il approfondir leur histoire, & discuter par le menu toutes les diverses parties de leurs révélations? L'ouvrage seroit immense. La plus longue vie n'y suffiroit pas. Il doit même y avoir un circuit fixe & certain, une regle générale de discernement, qui nous conduise à la vérité, sans être dans l'obligation de suivre le mensonge dans tous ses écarts, & cette regle générale ne peut qu'abréger extrêmement le chemin.*

Dans la premiere partie de ce raisonnement, on fait sentir combien l'examen seroit impossible, si on vouloit le pousser aussi loin qu'il pourroit aller. Mais je m'arrête à ce qui suit; *Il faut une regle générale de discernement;*

* Tome 5, pag. 140.

nement; sans cela *la plus longue vie n'y suffiroit pas*. Qu'on fasse l'application de ce principe lumineux à la méthode des Protestans, & à celle de l'Eglise Catholique ; on appercevra d'abord que ce n'est que chez elle où il peut avoir lieu. Cette Communion possede cette regle générale de discernement ; les Pasteurs prononcent, & tout est fini. Dans les autres sociétés on conteste sans fin ; rien ne peut terminer les disputes ; il faut examen sur examen, & enfin la plus longue vie ne suffiroit pas pour le fixer solidement. C'est un préjugé bien fort pour la Catholicité, que nos adversaires en établissent les fondemens, lorsqu'ils y pensent le moins. Cela ne peut venir que de ce qu'ils sont frappés du vrai de tems à autre & qu'alors il leur échappe de lui rendre témoignage contre leurs propres principes. Dieu sçait tirer la lumiére des ténebres, & c'est principalement dans de semblables occasions.

PRIN-

Principe General
pour
La Controverse.

De toutes les Controverses que nous avons avec Mrs. de la Religion protestante, il n'y en a point qu'ils craignent davantage, & où les artifices soient plus inutiles, que celle de l'Eglise & du Schisme. Dans les autres disputes, où il s'agit d'examiner un grand nombre de passages de l'Ecriture, & des Peres, ils ont d'ordinaire assez d'adresse pour envelopper la verité de tant de nüages, la deguiser par tant d'artifices, & fatiguer les esprits par des longueurs si ennuieuses, que plusieurs la perdent aisement de veüe, & que les mieux intentionnés se trouvent quelquefois en danger de s'y méprendre. Mais lorsqu'en mettant à part toutes les disputes, on s'arrête sur le point de l'Eglise & du Schisme, on voit tout d'un coup qu'ils sont separés de l'Eglise: on sent l'horreur de la rupture qu'ils ont fait avec elle; on découvre les illusions dont ils s'abusent eux-mêmes, en voulant tromper les autres: on apperçoit leurs faux fuiants; & malgré toutes leurs distinctions, leurs hypotheses, leurs figures, & leurs Sophismes, il n'est pas possible qu'ils échapent; & qu'ils empêchent qu'on ne reconnoisse l'injustice du parti où ils sont malheureusement engagés.

Ce

Ce qui rend cette matiére plus importante, c'est que quiconque a trouvé la véritable Eglise, il a tout trouvé. Il n'a plus qu'à l'écouter & à la suivre. C'est un guide qui conduit seurement à la connoissance de la verité; une lumiére qui dissipe les nüages de l'erreur; un Oracle qui résout tous les doûtes d'un esprit chancelant; & un principe sur lequel on condamne sans crainte, & même sans examen, toutes les Heresies.

Au reste, il y a d'autant plus de facilité dans l'éclaircissement de cette matiére, que ceux de la Religion Protestante reconnoissent que l'Eglise ne peut entierement perir. Ils avoüent, soit par feintise, soit de bonne foy, il n'importe, qu'elle est visible; & ils disent, qu'encore que Saint Paul en l'appellant * *la Colomne & la Baze de la verité*, n'ait pas prétendu la rendre infaillible, il a voulu neanmoins nous apprendre qu'elle est la dépositaire des verités Divines; & que nous pouvons présumer de n'être pas dans l'erreur, tandis que nous demeurons attachés à sa doctrine.

Il n'y a donc qu'à leur faire voir, qu'ils ont rompu avec elle, pour les convaincre du plus grand de tous les crimes, qui est le Schisme; & même pour les obliger d'avoüer, que leur doctrine étant differente de la sienne, il ne se peut pas qu'ils ne soient Heretiques.

Or

---

* 1. Tom. 3. Calv. l. 4. Instit. c. 4. Bez. de Not. Du Moulin cont. le Card. du Per. c. 1.

Or cette rupture des Proteſtans avec l'Egliſe Catholique eſt ſi évidente, que quelques efforts qu'ils faſſent il ne leur eſt pas poſſible de s'en défendre.

Ils diſent, qu'ils ont rompu avec l'Egliſe Romaine ſeulement; & par là ils voudroient nous engager dans de longues diſputes ſur le droit qu'elle a de porter la qualité de vraie Egliſe. Grace à Dieu, comme nous en ſommes bien perſuadés, nous n'apprehendetons jamais d'entrer dans cette Controverſe, quand nos adverſaires la voudront faire de bonne foy. Mais il y a une voie plus courte; & l'aveu qu'ils font d'avoir rompu avec l'Egliſe Romaine, ſuffit pour rendre leur Schiſme tout aſſuré.

Car ou cette Egliſe étoit orthodoxe dans le temps qu'ils s'en ſont ſeparés, ou elle étoit Heretique; on leur laiſſe la liberté de la qualifier comme il leur plaira, ſans même être obligés d'en rendre aucune raiſon. S'ils avoüent qu'elle étoit orthodoxe, il ne ſe peut pas faire que leur ſeparation n'ait été Schiſmatique; étant impoſſible de rompre avec une Egliſe orthodoxe ſans Schiſme. S'ils diſent qu'elle étoit Heretique, & que c'eſt ce qui les a porté à s'en ſeparer, ils étoient donc eux-mêmes, avant leur ſeparation, dans une Société Heretique; & comme depuis la ſeparation ils ne ſe ſont point unis à aucune autre Egliſe, mais qu'ils en ont fait une à part, il eſt

est certain qu'ils ne sont pas encor plus Catholiques qu'ils l'étoient auparavant. Car pour être Catholique il ne suffit pas de sortir d'une communion Heretique, comme Saint Augustin l'a souvent prouvé contre les Donatistes; il faut necessairement s'unir à une autre qui soit la vraie Eglise; il la faut chercher; il la faut trouver à tel prix que ce soit. Sans cela la separation est ouvertement Schismatique, selon la doctrine de tous les Peres. Comme donc Mrs. les Protestants en se separant de l'Eglise Romaine ne se sont unis à aucune autre; mais qu'ils ont fait, ainsi qu'ils l'avoüent eux mêmes, une Communion separée de toutes les autres Societés Chrêtiennes qui étoient alors au Monde, ils sont ouvertement Schismatiques: Et d'ailleurs, comme on ne peut sans Heresie, tenir des doctrines contraires à celles qu'on trouve établies dans toutes les anciennes Societez Chrêtiennes; d'abord qu'on a obligé Mrs. les Protestants de confesser, qu'ils tiennent plusieurs doctrines condamnées, non seulement par l'Eglise Romaine, mais même par toutes les autres Societés qui en sont separées, les voila manifestement Heretiques & Schismatiques tout ensemble.

De sorte que par ce seul moien, on peut sans peine terminer tous les differens que nous avons avec eux; abbreger les disputes; convaincre les sçavans aussi bien que les simples; & persuader à tous ceux qui desirent d'être ins-

instruits, que jusques alors ils ont marché dans les tenebres, & qu'ils sont sortis de la voie de la verité & du salut.

Aussi est ce la methode la plus ordinaire dont les Peres se sont servis pour convaincre les Heretiques de leur temps. * C'est par là que Saint Cyprien, Saint Jerôme, & Saint Augustin ont fermé la bouche aux Novatiens, aux Luciferiens, & aux Donatistes. Car quoique ces Saints Docteurs n'aient jamais refusé d'entrer en dispute contre eux, par la discussion des passages que ceux-ci ont toûjours te- temerairement opposés aux Catholiques; neanmoins ils se sont souvenûs de l'avis de ** Tertullien, qu'on pouvoit r'amener tous les Heretiques paisiblement & sans peine par une voie plus courte, en n'emploiant que de certaines maximes generales dont ont convient de part & d'autre ; & dont les consequences convainquent naturellement tous les esprits raisonnables. Dans ce dessein ils ont tous crû, que la necessité d'être dans l'Eglise pour être sauvés, étant une verité qu'aucun Heretique n'a encor osé nier ; ils pouvoient s'en servir contre eux, comme d'une *Prescription*, c'est à dire selon les termes du droit, comme d'une conviction entiere, par la seule application d'une maxime certaine, dont on a été en possession

* Cyp. de simp. Præl. Hier. Dial. cont. Lucif. Aug. toto lib. de unit. Ecclef.
** Tertul. l. de præf. c. 14.

sion de tout temps. Cette voie est d'autant plus naturelle, qu'elle a du rapport à celle dont Dieu même s'est voulu servir pour l'établissement de son Eglise. Car pour peu qu'on y fasse d'attention, on verra qu'il a eu dessein de la composer plûtôt de cœurs humbles & dociles, que d'esprits subtils & élevés, & que voulant conduire les uns & les autres à la connoissance de la verité, il l'a, pour ainsi dire, environnée de preuves communes & sensibles, qui persuadent les plus simples & les moins intelligents. Ainsi Jesus-Christ lui-même voulut que ses prédications fussent accompagnées de miracles, & d'autres caracteres de Divinité si extraordinaires, que ses plus grands ennemis furent obligés d'avoüer, que jamais homme n'avoit parlé comme lui. Les Apôtres, & les premiers Predicateurs de l'Evangile ne chasserent l'Idolâtrie du Monde, que parceque les Peuples ne les pouvoient regarder sans étonnement. Et quoique ceux qui leur ont succedé depuis, n'aient pas toûjours eu un éclat si extraordinaire de miracles & de Sainteté ; neanmoins la divine providence n'a jamais cessé d'accompagner son Eglise de certaines marques exterieures, qui la font aisement distinguer des Societés Schismatiques, & qui font qu'on juge, sans autre examen, qu'il est raisonnable d'écoûter ce qu'elle nous prêche ; & que les autres ne meritent seulement pas qu'on les entende.

F I N.

EXPOSITION ABREGE'E DES MOTIFS

Pourquoi S. A. S. Antoine Ulric Duc de Brunsvvig & Luneburg, est rentré dans le sein de l'Eglise Catholique-Romaine.

A SES PARENS ET AMIS PROTESTANS.

NE croyez pas, *mes chers Amis*, que j'ai inconsidérément abandonné les faussetés & l'esprit de Secte de votre Parti pour embrasser la Religion Catholique-Romaine. Non, ce n'a été que pour l'amour de mon salut que je l'ai fait, après une meure deliberation, comme vous verrez par les Motifs & les Raisons que j'en ai eus, & dont voici la courte Exposition.

J'étois autrefois de votre Religion, que par une fausse persuasion vous nommez Evangelique. J'y ai renoncé pour me réunir à cette seule vraye Eglise chretienne, que les Evêques de toutes les Parties du monde, assemblés en Concile à Nicée contre les Sectes des premiers siècles, ont désignée comme étant *Une* (unie par la Foi, dans son Chef invisible JESUS-CHRIST; & dans la Foi, au Vicaire visible, le successeur de St. Pierre, à qui N. S. a confié le Pouvoir de lier & de délier les pécheurs.) *Sainte*, établie divinement (& non humainement comme les Sectes); sainte en ceque les Martyrs & les autres Saints du N. Test. sont morts dans sa communion. *Catholique* (universelle pour les Tems & pour les Lieux

Lieux, ayant son origine & sa continuation visiblement depuis l'Etablissement du Christianisme jusqu'à present, & où les Sacrements ont été administrés jusqu'à present, malgré les Puissances de l'Enfer, malgré les efforts du Paganisme & de l'Héresie. *Apostolique*: une Eglise fondée par les Apotres, étendue dans toutes les Parties du monde, unie & continuée par les Evêques duement sacrés pour la Predication Apostolique, & pour le Gouvernement du Troupeau de JESUS-CHRIST.

Pour preferer l'Eglise Catholique j'ai eu encore les Raisons suivantes.

Il est à observer en general dans les Predicans de toutes les Sectes *Protestantes*, que, bien qu'ils parlent avec grand éloge des merites & de la satisfaction de JESUS-CHRIST, ils prêchent contre les Bonnes-oeuvres tellement, que leurs auditeurs ne peuvent que se croire dispensés à imiter la vie du Fils de Dieu: par là ils donnent occasion à ceux qui aiment le péché, (eh! qui est exempt de passions?) de ne se pas croire obligés à la mortification de la Chair & de l'orgueil de la Vie.

1. Vous prétendez, vous Lutheriens & Calvinistes, établir un Etat Evangelique! cela m'a paru en verité inconcevable. Car comme touchant la Foi vous disconvenez entre vous en plusieurs Articles tout-à-fait opposés, je ne pûs nullement comprendre qu'il fut possible que vos deux Religions, d'une differente doctrine, pussent être conformes à l'Evangile.

gile. Les choses qui sont differentes entr'elles ne peuvent être conformes à une troisiéme. La lumiere de la Raison nous dicte nettement cela.

2. Si l'une ou l'autre de ces deux Religions est conforme à l'Evangile, & par consequent Evangelique, l'une de ces Religions, *par exemple* la Lutherienne, pour prouver qu'elle est Evangelique devroit avoir des argumens dont la Religion Calviniste ne pourroit avec le même droit se servir pour démontrer que c'est elle qui l'est: & au contraire. Mais aucun de vous ne peut produire tel argument contre son adversaire. Je n'ai donc pas eu de raison pourquoi je deusse être plûtôt Lutherien que Calviniste, ou Calviniste plûtôt que Lutherien; ni je n'en ai pas non plus eu pour croire que les uns d'entre vous étoient plûtôt Evangeliques que les autres.

3. Je ne trouvai pas de fondement, pourquoi les Lutheriens seuls se nomment *Evangeliques*, & que les Calvinistes se qualifient du titre de *Religion Reformée*. Je n'en découvris pas non plus, pourquoi les Anabatistes, les nouveaux Ariens & les Unitaires ne doivent pas être ainsi nommés : car les Lutheriens & les Calvinistes n'ont point d'argument pour leur défense, dont ceux-ci ne puissent avoir autant de droit de se servir en faveur de leurs Sectes. Comme donc il n'y a point plus de raison pour les Lutheriens & pour les Calvinistes, qu'il n'y en a pour les Anabatistes, pour les Ariens & pour toutes les autres Sectes, auxquelles les Luthe-

riens & les Calvinistes dénient ces titres de nouvelle fabrique: par la même raison les Lutheriens & les Calvinistes ne doivent être nommés Evangeliques ou de la Religion Reformée ni quant à la chose ni quant à la dénomination. C'est pourquoi je rejettai justement ces sortes de Sectes comme étant toutes sans solidité & également méprisables.

4. Je sçavois pour certain, comme vous avoüez vous-mêmes, que beaucoup de ceux qui vécurent & moururent en la Foi Catholique-Romaine, sont sauvés. Au contraire vous ignorez si quelqu'un de vos Sectateurs joüit de cette gloire. J'ai agi donc prudemment quand je pris la voie la plus assurée du salut.

5. J'inferois de cela même, que la Foi Catholique-Romaine étoit la veritable, puisque sans la vraye Foi il est impossible de plaire à Dieu. Car quiconque est sauvé, plait à Dieu. Comme donc plusieurs de l'Eglise Catholique-Romaine sont sauvés, il faut de necessité que la Foi en soit véritable & sanctifiante.

6. J'allai plus loin. Puisque la Foi Catholique-Romaine est la sanctifiante & la veritable, il s'ensuit que toutes les Religions qui lui sont contraires, sont fausses. Car il n'y a qu'une Foi veritable & sanctifiante, comme il n'y a qu'un Vrai Dieu.

7. Non seulement les Catholiques, mais qui plus est, les non-Catholiques avoüent eux-mêmes qu'on peut se sauver en la Foi de l'Eglise-Romaine. Mais il n'y a que les Non-Catho-

Catholiques qui soûtiennent qu'on peut aussi se sauver en une autre Religion. C'est ce que tous les Non-Catholiques disent de chacune de leurs Sectes particulières. Les Catholiques cependant le leur nient absolument. Or ce que deux partis opposés accordent, est incontestablement plus certain que ce qui est assuré d'un parti, & absolument nié de l'autre. Voulant donc proceder avec plus de certitude, j'agis selon la raison lorsque je préferai la Foi Catholique-Romaine à toutes les autres Religions.

8. Consultant ce que les SS. Peres de la primitive Eglise nous avoient laissé par écrit touchant la Foi, je vis qu'ils exaltoient, conseilloient & loüoient uniquement la Catholique-Romaine, & que toutes les autres Religions en étoient rejettées & condamnées. C'est pourquoi je resolus de suivre leur prudent conseil & leur solide sentiment.

9. Tous les Saints & toutes les Saintes, que nous conoissons depuis le commencement de l'Eglise fondée par JESUS-CHRIST jusqu'à présent, vecurent dans l'Eglise Catholique-Romaine.

10. Pour défendre la verité de cette Eglise, tant de mille Martyrs donnérent leur sang & leur vie, triomphans d'une très-cruelle mort, au milieu des supplices les plus atroces.

11. Tous ceux qui attaquérent cette Eglise s'en étant separés, comme fit Arius, Pélage, Marcion, Macedonius, Manichée, &c. avec

leurs Sectateurs brûlent pour jamais dans les enfers. Luther, Calvin & semblables inventeurs de nouveautés, furent pareillement des Hérésiarques. C'est pourquoi je ne voulus pas, les prenant pour guides, m'exposer au peril de la damnation éternelle.

12. La Foi de l'Eglise Romaine fut celle de St. Paul, comme cet Apôtre le témoigne aux Rom. I. v. 2. Je n'ai donc pas dû chercher une autre Foi, que celle là.

13. Si je ne m'étois par la grace de Dieu déterminé à la Foi de l'Eglise Catholique-Romaine, les autres Religions me troubloient tellement l'esprit dans le choix que j'avois à faire, que je ne l'aurois jamais fait avec la tranquilité de mon Ame. Car j'aurois toûjours eu le susdit doute, laquelle de tant & de si differentes Religions étoit la veritable & la Sanctifiante.

14. Il se trouve dans toutes ces autres Religions des Paradoxes incroyables, & repugnans à la droiture de la Raison, comme on peut voir aux Considerations 15. 16. 17. & 18. (*)

19. Toutes ces Religions d'aujourd'hui opposées à la Catholique Romaine, sont de nouvelle invention, & telles, qu'avant l'an 1517. per-

---

(*) Ces Considerations, Explications & Preuves sont imprimées sous le Titre *Cinquante Raisons ou Motifs &c.* & se trouvent là où le present Ecrit se vend.

personne ne les tint, ne les enseigna, & ne les suivit. Cela se prouve dans la Consideration 19. & 20.

21. Ces nouvelles Religions ne sont follement composées que des heresies que l'Eglise condamna autrefois, de tems à autre.

22. L'Eglise Catholique-Romaine est la seule où l'on puisse veritablement trouver les Marques de l'Eglise de JESUS-CHRIST, sçavoir qu'elle est *Une, Sainte, Apostolique, & Catholique.*

23. C'est la seule Religion pour laquelle toutes les Nations renoncérent au judaïsme, au paganisme & à l'idolatrie.

24. Les Chefs de ces nouvelles Religions ne prouvérent jamais par le moindre miracle, d'avoir été envoiés de Dieu pour reformer l'Eglise.

25. Au contraire ce furent des libertins, des violateurs de vœux, des apostats, des impies, des blasphemateurs, des gens dignes de mépris.

26. Les adherans de ces Religions ne travaillérent jamais apostoliquement à la conversion des Idolâtres; mais seulement à pervertir des Catholiques, quoiqu'ils avoüent qu'on peut faire son salut dans cette Religion.

27. Il se trouve en la Religion Catholique-Romaine grand nombre de personnes de l'un & l'autre sexe, d'une illustre naissance, & fort riches, qui se consacrent volontairement au service de Dieu, & passent la vie en une pauvreté volontaire & en une pureté Angelique. Dans les autres Religions on ne voit pas que des en-

fans

fans de Maison & d'une Noblesse distinguée embrassent l'état de Prédicans, dont personne ne vit presque jamais en continence. D'où il est évident que c'est la seule necessité qui les porte à cet emploi. Au lieu que dans la Religion Catholique-Romaine, c'est le seul amour de Dieu, & de leur salut, & la verité de la Foi qui les animent à se dévoüer entiérement au service divin.

28. La continence, qui est un don du Ciel, n'est pas le partage des Prédicans, comme elle l'est de tant de Religieux & de Religieuses de la Religion Catholique Romaine, lesquels par la grace celeste ne vivent pas seulement en continence, mais dans une Virginité eloignée de la moindre soüillure.

29. Les Ecrivains Non-Catholiques, dans la plûpart des argumens dont ils se servent pour combattre les Catholiques, attaquent ce qu'on ne leur nie pas; & n'osent toucher (ou à peine le font-ils) à la doctrine comme elle s'enseigne chez les Catholiques, n'ayant autre but dans toutes leurs déclamations, que de rendre les Romains odieux & séduire le peuple.

30. Les armes des Non-Catholiques contre les Romains sont des calomnies injurieuses & d'évidens mensonges, & non pas de bons & de solides argumens.

31. Les Novateurs ne satisfont pas aux argumens des Catholiques: mais en éludant la force quand on les presse, ils changent d'abord de

de matiére & vont prendre une autre suite de controverse, sans jamais tenir ferme.

32. Les Sectateurs de ces nouvelles Religions interprétent selon leur caprice les SS. Ecritures, & retranchent des Livres Canoniques ceux qu'il leur plait. Même châcun d'eux est son interpréte comme bon lui semble. Mais parmi les Catholiques, les Livres Canoniques sont par tout les mêmes, par tout la même Interpretation de l'Ecriture, le meme Sens & la même Version.

33. Ces nouvelles Religions disconviennent extrêmement entr'elles dans les articles de la Foi : même ceux d'une Religion (comme est par exemple la Lutherienne, &c.) ne s'accordent pas entr'eux en matiere de créance, jusqu'à leurs Catechismes qu'ils font apprendre aux enfans.

34. Les éditions de la Confession d'Ausbourg, laquelle les Lutheriens tiennent pour le fondement de leur Religion, ne se ressemblent pas, & sont fort diferentes de l'original.

35. Les nouvelles Religions ouvrent une voie large & spacieuse à toute sorte de dissolution, de volupté & de libertinage, quoique nôtre Sauveur ait enseigné que la voie qui méne au Ciel, est fort étroite.

36. Les Défenseurs de ces Religions interprétent selon leur fantaisie les Saintes Ecritures : ils en tronçonnent plusieurs Textes & paroles ; ils y en ajoûtent d'autres. De plus ils

en altèrent & en corrompent quelques-uns. Voiez la Confideration 36.

37. Les Religions oppofées à la Catholique Romaine, n'ont point de fucceffion, ni de leur doctrine ni de leurs Pafteurs, depuis le tems des Apôtres.

38. Les Sectateurs ne s'accordent nullement dans l'interpretation des Saintes Ecritures, comme on le prouve en la Confideration 38. 39. & 40.

41. Tous les monumens de l'antiquité, tous les anciens écrits prouvent que la Religion Catholique-Romaine eft la feule qui a été fondée, établie, & confirmée en la Chretienté.

42. Quoi-que l'Eglife Romaine ait été depuis fon commencement jufques aujourd'hui attaquée par les Tyrans, par les Idolâtres, par les Payens, & par les Héretiques, elle demeura toûjours cependant inébranlable, & elle l'eft encore à l'heure qu'il eft; au lieu que les autres Religions perirent & difparurent.

43. Les Non-Catholiques ne profeffent point de doctrine, qui traite de la perfection & de l'exercice des Vertus Chrétiennes, pour la Mortification effective de la chair & du propre fens. Mais chez eux on permet beaucoup aux defirs & à la concupifcence de la nature dépravée. *Voyez ci-après les Notes.*

44. Les affemblées des Sectaires, même celles où l'on fabriqua les Confeffions ou les Profeffions de Foi pour les Religions modernes,

ne

ne peuvent entrer en la moindre comparaison (ni par la doctrine, ni par la Sainteté, ni par le concours des peuples divers) avec les Conciles Generaux de l'Eglise Catholique-Romaine & avec les Peres qui s'y trouverent.

45. Les principes sur lesquels les Non-Catholiques s'appuïent, ne sont pas propres pour former une bonne conscience, digne d'un homme Chrétien. Voyez ciaprès Note (a).

46. Leurs Prédicans n'ont en bouche que ce qui peut rendre la Religion-Catholique méprisable. Ils dissimulent tout ce qu'il y a de plus dangereux en leur Religion, & tout ce qui méne à la perdition les ames qui sont sous leur conduite. Voyez Note (b).

47. Les plus méchans & les plus tiédes d'entre les Catholiques ne sont pas pires que les meilleurs & que les plus fervens des Non-Catholiques. Voyez Note (c).

48. Aucun des Catholiques ne passe aux autres Religions pour vivre plus saintement. Au contraire c'est pour mener une vie plus agréable, plus libertine.

49. Il y a dans les saintes Ecritures plusieurs endroits qui nous attestent que l'Esperance, la Charité, la Penitence, les Aumônes & les autres œuvres de misericorde sont meritoires pour la vie éternelle. Ce que les Novateurs modernes nient, disant faussement que la Foi seule suffit.

50. Il arrive fort souvent que les Non-Catholiques les plus opiniatres souhaitent de mourir

rir & qu'ils meurent effectivement en la Foi Catholique : & nous ne voyons pas qu'aucun Catholique desire de mourir dans une des autres Religions.

NOTES.

(a) La Conscience est un acte de l'Entendement ou de la Raison, qui nous dicte ou nous avertit qu'une chose est licite ou illicite, & par consequent qu'il faut la faire ou la laisser. Ainsi la Conscience est la Regle immediate & la plus proche de nôtre volonté. Cela étant, voyons quelles sont ces Regles qui dirigent la volonté suivant la Doctrine des Catholiques, & selon celle des Non-Catholiques.

Regle Catholique.	Non-Catholique.
1. *Il faut fuïr toute sorte de peché, & avec l'aide de Dieu il est dans le libre arbitre de l'homme de pecher ou de ne pas pécher.*	1. Les commandemens de Dieu sont impossibles, on ne sçauroit les observer.
2. *Tout peché mortel merite la peine éternelle, & un seul peché de cette espece suffit pour être damné.*	2. Chacun doit croire qu'il est sauvé & prédestiné.
3. *On ne doit point faire de peché pour quoi que ce soit : tellement qu'il vaut mieux mourir mille fois que de faire un seul peché, si petit qu'il puisse être.*	3. Dieu n'impute aucun peché à quiconque a cette créance.
4. *Il faudra rendre compte à Dieu du moindre peché, ne fut-il qu'une parole oiseuse.*	4. L'homme n'est damné pour nul autre peché, que pour celui d'infidelité.
5. *Le peché ne se pardonne pas à moins qu'on ne restituë ce qu'on a pris.*	5. Les bonnes œuvres ne sont pas meritoires devant Dieu pour la vie éternelle.
6. *Aprés avoir fait un*	6. Il n'est pas necessaire de faire penitence de nos pechés, puisque JE-SUS

peché mortel, il ne reste que l'Enfer ou la penitence.

7. Il n'y a point d'action honnête surnaturelle, qui ne merite la gloire & la grace surnaturelle & son accroissement.

8. *Il faut en la Confession se confesser de tous les pechés mortels, & les dire à un Prêtre qui a pouvoir de les oüir & d'en absoudre.*

SUS-CHRIST a déja par sa mort & par son Sang satisfait pour nous.

7. Il n'est pas en nôtre pouvoir d'éviter les pechés.

8. Personne n'est obligé de se confesser de ses pechés nommément: la Foi seule suffit pour le salut, &c.

Qu'on voie & qu'on examine maintenant quelle Conscience on se formera sur ces derniers principes, pour fuïr le mal & pour faire le bien? Au lieu que les Regles de la Doctrine Catholique butent uniquement à cela, & qu'elles peuvent se mettre en exécution. Je fus donc convaincu qu'il valoit mieux pour la sûreté de ma conscience que je suivisse les Regles des Catholiques que celles des Non-Catholiques.

(b) Ce qui me déplût plus que chose du monde dans les Prédicans, c'est qu'ils s'emploient à railler les Ecclesiastiques, les Ceremonies Catholiques, & le Rituel, pendant qu'ils dissimulent adroitement les choses qui sont de la derniere importance de leur Religion, & qui sont les plus necessaires pour le salut du peuple. Telles choses sont: Qu'ils ne sont point du tout Prêtres, n'ont aucune puissance de consacrer l'Eucharistie, & n'ont point l'authorité d'absoudre des pechés; en quoi néanmoins consiste l'office de la dignité Sacerdotale. D'où il arrive que le peuple est lourdement trompé par ces Ministres, qui font croire à ces dupes qu'ils reçoivent sous deux especes le Corps & le Sang de JESUS-CHRIST, lorsque faute de puissance Sacerdotale en leurs Predicans ils ne le reçoivent

çoivent sous aucune espece, mais simplement du pain & du vin, & rien d'autre. Ils persuadent aussi leurs Adherens qu'ils n'enseignent que ce que l'Eglise Primitive & les saints Peres de l'antiquité tinrent & enseignérent. Ce qui est absolument faux, comme ils le sçavent bien eux-mêmes en conscience. Ils n'enseignent pas aux leurs à faire penitence des péchés qu'ils ont commis, cultiver les vertus, la Mortification &c., se prévalant de cette fausse doctrine: que nos Oeuvres, ne sont point méritoires (ce qui est contraire, entre autres, au sermon de N. S. sur la Montagne, connu par rapport aux huit Béatitudes). Ils y ajoutent, que le Sauveur a par sa mort suffisamment satisfait pour nos pechés; & qu'ainsi il nous a merité le Royaume des cieux. Tellement que, de la Passion, de la Mort & de la satisfaction de JESUS-CHRIST ils prennent occasion de vivre dans le libertinage. Mais la Doctrine Orthodoxe enseigne (quoique la Passion & la Mort du Fils de Dieu soient d'elles-mêmes plus que très-suffisantes pour les pechés de tout le genre humain, & que le merite en soit d'un prix infini) que le Sauveur veut que nous nous en appliquions les fruits, imitant ses vertus, & coöperant à sa douloureuse Passion, par fuïr le mal & faire le bien. L'avenement de JESUS-CHRIST en ce monde eut deux fins; la premiere étoit de satisfaire pour nos pechés, & de nous délivrer de la damnation éternelle; la seconde, de nous donner un très-parfait modéle de toutes les vertus, & de nous inspirer l'amour de son imitation, comme il nous dit lui même en St. Jean. 13. v. 15. *Je vous ai donné exemple, afin que pensant à ce que j'ai fait, vous fassiez aussi de même.* En S. Matt. 11. 11. v. 20. *Apprenez de moi que je suis doux & humble de cœur.* St. Pierre nous declare encore en sa 1. Epître c. 2. v. 21. que *JESUS-CHRIST a souffert pour nous, nous laissant un exemple, afin que nous marchions sur ses pas.*

(c) Com-

(c) Comme j'étois parmi les Catholiques, je pris garde, qui selon leur jugement passoit pour mauvais Catholique & pour relâché? Je reconnus qu'ils prenoient pour tels ceux qui n'observoient pas les Commandemens de Dieu, qui ne s'appliquoient pas à faire des bonnes œuvres, qui fuïoient & negligeoient la Confession, qui assistoient peu souvent à la ste. Messe, qui frequentoient rarement le Sacrement de Pénitence, qui suivoient les plaisirs des sens, qui ne gardoient pas les jours de jeûne, &c. Puis je tournai les yeux du côté des Non Catholiques, & je vis qu'independamment de toutes ces choses on ne laissoit pas d'être parmi eux en reputation de pieux Protestant & de fervent Evangelique. J'inferai de là, que les plus tiédes Catholiques valent pour le moins autant que les meilleurs Protestans ou que les meilleurs Evangeliques. Et je fus confirmé dans cette gradation, que j'avois autrefois entenduë: Du plus méchant des Catholiques on devient bon Lutherien: du plus méchant Lutherien, on devient le meilleur Calviniste: du plus méchant Calviniste, le meilleur Arien: du plus méchant Arien, le meilleur Mahometan.

C'est à vous maintenant, autrefois mes Associés en Religion, & à présent encore mes très-chers Parens, Amis & Compatriotes, que je m'adresse, vous conjurant par les cinq Playes de JESUS-CHRIST, par son très précieux Sang, prix de notre redemption, & par le salut éternel de vos ames, de préférer la voie certaine du Ciel pour une incertaine. Pensez attentivement quelle fut la Foi de vos Ancêtres, & quelle fut celle que suivirent les premiers Chrétiens de votre Nation étant sortis du Paganisme. Considerez dans quelle Religion vécurent ces grands Saints, que vous-mêmes reconnoissez pour tels. Pesez mûrement ces Motifs de ma Conversion, lesquels je vous propose avec un cœur plein d'une affection sincere. Retournez dans le chemin de vos Peres & dans la voie des Saints, dans la Religion qui

qui subsiste depuis tant siécles, & qui fut confirmée, défenduë, & arrosée du Sang de tant de Martyrs: Religion, que tous les anciens SS. Peres de la primitive Eglise soutiennent, & approuvent. Religion contre laquelle, comme dit le Sauveur, les portes de l'Enfer ne prévaudront jamais. Mettez vous devant les yeux le salut de vos ames: *Car que serviroit à un homme de gagner tout le monde, & de perdre son ame? Ou par quel échange l'homme pourrat'il racheter son ame après qu'il l'aura perduë.* S. Matt. 16. v. 26. Nous n'avons qu'une ame, de la felicité de laquelle il s'agit en cette grande affaire. Le salut éternel ne s'acquiert pas hors la vraie Eglise. Il n'y a qu'une seule Eglise de veritable, qui n'est pas autre que la Catholique Romaine. Embrassez-la donc & m'imitez en cette sainte resolution. Que Dieu vous en fasse la grace, afin que nous puissions nous acheminer ensemble vers la felicité éternelle!

Toute plante que mon Pere Celeste n'a point plantée, sera arrachée. S. Matt. 15. v. 23.

NB. *Pour plus ample instruction servent excellemment:*
La Folie des Esprits forts, des Indifferents & des Separatistes, dévoilée par divers Auteurs célébres, dont on a récueilli quelques petits écrits en 2 Tomes 8. Berlin 1753.
MAHIS, de la Verité de la Religion Catholique. 8.
   On peut-avoir le même Livre en Latin. 8.
Verité de la Religion catholique, avec la Refutation de Mr. Pfaff. Par Mr. D. B. S. 8.
Defense du Dogme de l'Eternité des Peines 8.
ROHAN, de la Penitence. 8.
   le même livre se trouve en Allemand.
LAFITEAU, Histoire circonstanciée de la Constitution ou du Jansenisme. 3. Voll. 8.
Pour les Lecteurs Allemans qui veulent s'instruire de l'Histoire universelle de la Religion, & en connoitre clairement les Fondemens, on a imprimé:
HOLLANDERS Bibliothec für die Unstudierten Liebhaber der Wahrheiten des Seelenheils. XI. Voll. 8. Francfurt. 1753.

BIBLIOTHEQUE
De Livres de Pieté.

Livres de Pieté Catholiques.

1. Abregé de la Cité mistique de Dieu, ou de la Vie de la très Sainte Vierge, Nancy 1727. 8.
2. Abregé de la Sainte Bible, par Demandes & par Reponses, avec des Eclaircissemens, par le R. P. Guerard, Paris 1712. 2 Vol. 8.
3. Ange (Nouvel.) Conducteur, ou la Journée du Chretien sanctifiée par la Priere & la Meditation, par le P. Deville, Liege 1740 12. en Cadres, broché.
4. Ange Conducteur dans la Devotion chretienne, par le R. P. Coret. Avec l'Office de la Sainte Vierge, les Vêpres & les Complies du Dimanche & des Fêtes, des Hymnes de toute l'Année, & l'Office des Morts, en Latin & en François, Nancy 1742. gr. 12.
5. Ange (l') conducteur dans la Devotion chretienne, Liege 18.
6. - - - idem, 12.
7. - - - idem, Brux. 1743. 16.
8. - - - idem, Liege, 8.
9. - - - idem, Brux. 1728. 8.
10. - - - Conducteur dans la Devotion Chretienne, reduite en pratique en faveur des Ames devotes, Liege, 12.
11. - - - idem, Brux. 1728. 12.
12. - - - (l') Conducteur dans la Devotion chretienne, reduite en pratique en faveur des Ames Devotes, Mastricht, 18.
13. Année affective, ou Sentimens sur l'Amour de Dieu: pour chaque Jour de l'Année, par le R. P. Avrillon, Paris 1736. 8.
14. - - - chretienne, contenant les Messes des Dimanches, Fêtes & Feries de toute l'Année, en Latin & en François. Avec l'Explication des Epitres & des Evangiles, & un Abregé de la Vie des Saints dont on fait l'office, Paris 1741. 13 Vol. gr. 12.

Livres de Pieté Catholique.

15 Année Dominicaine, ou Sentences pour tous les Jours de l'Année ; Avec des Meditations & des Reflexions sur les principales Vertus, Paris 1679. 4 Vol. gr. 12.

16 Auguftin, (S.) Lettres. Avec des Notes fur les Points d'Hiftoire de chronologie & autres qui peuvent avoir befoin d'ecclaircissement : par du Bois, Lille 1707. 6 Vol. gr. 12.

17 - - - - le Livre de l'Efprit & de la Lettre, par du Bois, Paris 1700. gr. 12.

18 Avis & Exercices Spirituels, pour bien employer les Jours, les Semaines, les Mois, & les Années de la Vie, par le R. P. Suffien, Paris 1740. gr. 12.

19 Avis Salutaires aux Peres & aux Meres & à tous ceux qui font chargez de l'éducation de la Jeuneffe, Barleduc 1714. 8.

20 Bible, (la Sainte) traduite en François, le Latin de la Vulgate à côté, avec des courtes Notes ; & la Concorde des IV. Evangeliftes, avec les Traitez de Chronologie & de Geographie, les Sommaires des Livres du V. & du N. Teftament, & toutes les Tables tirées de la Grande Bible d'Ant. Vitré. Le tout augmenté d'une Table très ample des Matieres. En François & en Latin, Haye 1742. 3 Vol. fig. gr. fol.

21 Bible (la Ste) avec des notes Litterales tirées des Saints Peres & des meilleures Interprêtes ; la Chronologie facrée, les Tables de Vitré, les Sommaires des Livres, la Concorde des IV. Evangeliftes, par Sacy. Nouv. Ed. augmentée d'une Idée generale de l'Ecriture fainte, de diverfes Régles pour l'expliquer ; & de quelques Livres Apocryphes, & autres Pieces., Anvers 1757. 2 Vol. fol.

22 Bible de Sacy du Port-Royal, avec les Commentaires, dern. Edit. Brux. 38 Vol. 12. compl.

23 - - - de Sacy avec de courtes notes, Brux. 1702. 11 Vol. 12.

24 Bona, Principes & Regles de la Vie chretienne, Traduit par Coufin, 1676. 12.

25 Bonheur de l'Homme charitable, ou l'Aumone avec fes avantages, enfeignée par Demandes & par Reponfes, par le Pere L. Lipfin, Liege 1729. 2 Vol. 8.

26 Boffuet, Inftruction Paftorale fur les Promeffes de Jefus Chrift à fon Eglife, Paris 1729. 2 Vol. 12. broché.

27 Bof-

Livres de Pieté Catholiques.

27 Boſſuet, Ordonnance & Inſtruction paſtorale ſur les états d'Oraiſon, Paris 1697. 4.
28 Bouclier de la Pieté chretienne, tiré des quatre Maximes de l'Eternité, par le R. P. Cyprien, Anvers 1706. 8.
29 Breviaire Monaſtique en Latin & en François, Paris 1725. 4 Vol. 8. en Carton.
30 Cabinet (le petit) des Catholiques, orné de pluſieurs belles Oraiſons & Litanies, Liege, fig. 32.
31 Caractères des Saints pour tous les Jours de l'Année, par Durand, Rouen 1684. 2 Vol. 8, broché.
32 Careme Chretien, contenant les Meſſes des Fêtes du Carême, Paris 1682 2 Vol. 12. en Veau.
33 Catechiſme (le) ou Introduction au Symbole de la Foy, par le R. P. Grenade, traduit par Mr. Girard, Paris 1709. 4 Vol. gr. 8.
34 - - - - du Concile de Trente, Paris 1694. gr. 12.
35 - - - - de Bourges, par Chetardie, Lyon 1736. 4 Vol. gr. 12.
36 Chemin (le) du Ciel, Heures nouvelles & Pieres, de la Traduction de le Noble, Brux. 1742. 16. en Cadres.
37 Chretien charitable, par le R. P. Bonnefons, Lion 1680. gr. 12.
38 - - - dirigé dans les Exercices d'une Retraite Spirituelle, par le R. P. Martel. Lion 1729. 2 Vol. gr. 12.
39 - - - (le) fervent, ou Recueil de diverſes Prieres & Inſtructions, pour paſſer chrétiennement la Journée: tirées des R. R. P. P. Croiſet, Craſſet, Nepveu & Bouhours, Manh. 1750. gr. 8.
40 - - - (le Sage) ou les principes de la Vraie Sageſſe, par le Pere Abr. Royer, Brux. 1729. 12.
41 - - - ſanctifié par la Priere & la frequentations des Sacremens, ou petites Heures, Liege 1746. 12.
42 Cité de Dieu de St. Auguſtin, traduite en François, avec des Remarques, Paris 1737. 4 Vol. gr. 12.
43 Clef (la) du Paradis, contenant quelques Inſtructions & Prieres pour bien Mourir, par Vatier, Paris 1672. 12.
44 - - - de Saint Thomas ſur toute ſa Somme, par Marandé, Paris 1668. 10 Vol. gr. 12.

45. Combat Spirituel, traduit par le R. P. Jean Brignon, Paris 1736. gr. 24.
46. Concordance des Saints Peres de l'Eglise, Grecs & Latins, par le R. P. Dom Bernard Maréchal, Paris 1739. 2 Vol. 4.
47. Condamnation (la) de St. Etienne, représentée en Tableau en taille douce par Mr. Huret.
48. Conduite de la Confession & de la Communion, tirée des M. S. de St. François de Sales. Avec une Table très utile aux Confessions & aux Penitens, Brux. 1700. 18.
49. - - - d'une Dame chretienne pour vivre saintement dans le Monde, Paris 1726. 12.
50. Cœur (le) Chretien formé sur le Cœur de Jesus-Christ, Paris 1722. gr. 8.
51. Confessions de St. Augustin avec des Notes, & de nouv. Sommaires des Chapitres, par du Bois, Paris 1743. gr. 12.
52. - - - Catholique du Sieur de Sancy. 4.
53. Connoissance (de la) & de l'Amour du Fils de Dieu, N. S. J. Christ; par Saint Jure VIII. Ed. Paris 1656. fol. en Velin cordé.
54. Considerations sur la Passion de N. S. J. Christ, pour tous les Jours du Carême, par le R. P. Gabr. Hevenesi, & traduites par le R. P. Miel. Bruxell. 1742. 8.
55. - - - - sur l'Eternité, par Abelly, Bruxell. 1710. 12.
56. - - - - ou Meditations chretiennes sur les plus importantes veritez de l'Evangile pour l'Entretien de l'Ame, Brux. 1724. 12.
57. Conversion (la) de St. Paul, représentée en Tableau en taille douce Mr. Huret.
58. Crasset, Douce & Sainte Mort. Nouv. Ed. Liege 1744. 12.
59. - - - Double preparation à la Mort. N. Edit. augmentée d'un Exercice de preparation à la Mort pour tous les Jours de la Semaine, & des Prieres de l'Eglise pour les Agonisans, Liege, 12.
60. Crasset, (R. P.) Considerations Chretiennes pour tous les Jours de l'Année, avec les Evangiles de tous les Dimanches, Lyon 1737. 4 Vol. 12.

Livres de Pieté Catholiques.

61 Craſſet, la Devotion au Calvaine, Brux. 1702. fig. 8.
62 - - - Idem, Nouv. Ed. Liege fig. 8.
63 - - - Maximes Chretiennes pour tous les Jours du Mois, Frybourg 1731. 12.
64 Croiſet, (R. P.) la Devotion au ſacré Cœur de N. S. Jeſus Chriſt. Avec la Bulle Unigenitus, l'Abregé de la vie de Sœur Marguerite Marie à Lacoque, & les offices de l'Egliſe pour cette même Devotion, de la divine Providence & de la divine Miſericorde, en Latin & en François, Lyon 1741. 2 Vol. 12.
65 - - - (R. P.) Exercices de Pieté pour tous les Jours, tous les Dimanches & les Fêtes mobiles, de l'Année, en Latin & en François; avec l'Explication du Myſtere, la Vie du Saint de chaque jour, & d'amples Reflexions ſur l'Epitre, & une Meditation ſur l'Evangile, & quelques Pratiques de Pieté propres à toutes ſortes de Perſonnes. Avec la Vie de N. P. Jeſus Chriſt, Lyon 1745-1751. 18 Vol. 12.
66 - - - Retraite ſpirituelle pour un Jour de chaque mois, Paris 1752. 2 Vol. 12. en Carton.
67 Devotion (la) des Predeſtinez, ou les Stations de Jeruſalem, & du Calvaire, pour ſervir d'Entretien ſur la Paſſion de N. S. J. Chriſt, par le R. P. Parvilliers, Liege 1737. fig. 8.
68 - - - idem, Nancy 1721. 12.
69 - - - idem, Namur, fig. 12. grand Caracteres.
70 - - - au Sacré Coeur de N. S. J. Chriſt, N. Ed. augmenté de pluſieurs Pratiques pieuſes, Liege 1699. 12.
71 - - - idem, avec l'Abregé de la Vie de la Sœur Marguerite Manè à la Coque, ibid. 1699. & 1700. 12.
72 Dialogues ſur l'Immortalité de l'Ame, l'Exiſtence de Dieu, la Providence, & la Religion, Paris 1684. 12.
73 idem, broché.
74 Direction pour la Conſcience des Perſonnes de tout Etat, qui veulent examiner par eux mêmes, à quoi ils doivent s'en tenir au ſujet de Diſputes des Chretiens ſur la Religion, par Mrs. Fenelon, Boſſuet &c. Haye 1754. 8.

Livres de Pieté Catholique.

75 Discours sur les Vies des Saints de l'ancien Testament, Paris 1732. 6 Vol. gr 12.
76 Dissertation sur l'Honoraire des Messes, 1757. 12.
77 Ecole du Divin Amour, établie dans le Sacré Cœur de Jesus, ou le Chretien desabusé des fausses maximes du Monde, Liege. 12.
78 Ecriture Sainte, ecclaircie par des Faits, avec des Reflexions Morales &c. ibid. 1710. 8.
79 Entretien de la Messe, pour chaque Jour de la Semaine, à l'honneur de la Ste. Vierge, Brux. 1677. 8.
80 - - - avec Jesus Christ dans le très Saint Sacrement de l'Autel; contenants divers Exercices de Pieté, par un Religieux Benedictin, Liege 1745. 8.
81 - - avec Jesus-Christ dans le Saint Sacrament de l'Autel, Toulouse 1717. gr. 12.
82 - - - Spirituels en forme de Prieres pour tous les Jours de l'Avent, du Careme, & sur les Evangiles des Dimanches & des Mysteres de toute l'Année, Brux. 1719 & 1720. 4 Vol. 12.
83 - - - Spirituels propres aux Ecclesiastiques pour les engager à travailler au Salut des Ames, Lyon 1721. 4 Vol. gr. 12.
84 Epitres (les) & Saints Evangiles, avec les oraisons de l'Eglise qui se disent à la Sainte Messe suivant le Concile de Trente, N. Ed. Lyon 1680. 12.
85 - - - & Evangiles qui se disent aux Messes pendant l'Année, avec des Reflexions, Paris 1713. 12.
86 Esprit de l'Ecriture sainte, avec des Reflexions par Descoutures, Brux. 1686. 2 Vol. 12. broché.
87 - - - de Jesus Christ & de l'Eglise sur la frequente Communion, par le Pere J. Picheon, Liege 1747. 8.
88 - - - Idem, broché.
89 - - - de la Priere, contenant plusieurs Offices, Litanies & autres Prieres & Exercices de Devotion, Brux. 12.
90 Exercices (divers) de Devotion à Saint Antoine de Padoüe. Avec une Methode de les Pratiquer, & un Abregé de sa Vie & de ses Miracles, Nancy 1716. 8.
91 - - - idem, Leipz. 1743. fig 8.

Livres de Pieté Catholiques.

92 Exercices journaliers de Pieté à l'ufage de S. M. l'Imp. & Reine d'Hongrie & de Boheme, Cologne 1757. 8.

93 - - - pieux d'un Chretien, pour le Matin, le Soir, pour la Ste Meffe, pour la Confeffion & la Communion; tirés des Pfeaumes de David, Munich 1748 8.

94 - - - Spirituel d'un Chretien pendant la Journée, felon S. Fr. Sales, Munft. 1731. 8. en chagrin noir.

95 - - - Spirituel, ou le Mondain excité par la brièveté & par le Confeil de fon Directeur à la retraite de dix Jours; par un Religieux de l'Ordre de St. François, Liege. 18.

96 - - - Spirituels, & pratique continuelle de l'Imitation de Jefus-Chrift, par le R. P. Adrien de Nancy, Luxemb. 1733. 8.

97 Explication, en Vers du Cantique des Cantiques de Salomon, avec des Notes, Paris 1717. gr. 12.

98 Fleur (la) des Prieres choifies, pour l'Entretien de l'Ame avec Dieu durant la Journée, Bruxelle 1746. 8.

99 Fleuri, Catechifme hiftorique, contenant en Abregé l'Hiftoire fainte, & la Doctrine chretienne, Paris 1740.

100 Formulaire (nouv.) des Prieres Journalieres, contenant l'Abregé des Mifteres de la Foi, & des principaux Devoirs du Chretien, Liege. 18.

101 Foy de l'Eglife catholique touchant l'Eucharistie, Brux. 1684. 12.

102 Godeau, Elevation & Affections à I. Chrift pour toutes les heures de la Journée, Lyon 1686. 12. broché.

103 - - - Oeuvres chretiennes, Paris 1635. 8. en Velin.

104 - - - Paraphrafe fur les Epitres de St. Paul, Rouen 1667. 4 Vol. 8. en Velin.

105 - - - idem fur les Epitres de St. Jaques, St. Pierre, St. Jean & St. Jude, Rouen 1640. 8. en Velin.

106 - - - idem, fur Tobie, 8. en Velin.

107 Go-

107 Godeau, Poësies chrétiennes & morales, Paris 1663. 2 Tom. 12. en Veau.
108 - - - vie de l'Apotre St. Paul, Anvers 1653. 12. en Veau.
109 - - - idem, en Velin.
110 - - - Homelies sur les Dimanches & Fêtes de l'Année, pour servir aux Curez de Formulaire d'Instructions qu'ils doivent faire au Peuple, Paris 1715. 2 Vol. gr. 12.
111 - - - Tableaux de la Penitence, Paris fig. 12.
112 Gregoire (S.) le Grand, Pape, Livre du Soin & du Devoir des Pasteurs, Paris 1670. gr. 12.
113 Grossez, Journal des Saints, ou Meditations pour tous les Jours de l'Année, Brux. 1726. 3 Vol. fig. 8.
114 Heures dediées au Roi, Paris 1699. 24.
115 - - ou l'Exercice du Chretien, avec l'office de la Ste. Vierge, les Vêpres, Hymnes & Proses de l'Année, les Pseaumes de la Penitence & autres Prieres de l'Eglise, en Latin & en François, Lyon 1636. 18.
116 - - - Chretiennes ou Paradis de l'Ame, par Horstius, Paris 1723. 2 Vol. gr. 18.
117 - - - & Instructions chretiennes à l'usage des Troupes Imperiales, Olmuts 1753. 12.
118 - - - nouvelles, contenant l'Office de tous les Dimanches & Festes de l'Année, François & Latin, Paris 1745. gr. 12.
119 - - - ou les trois offices de la Ste. Vierge suivant le Concile de Trente. Avec une Table des offices, Prieres & oraisons pour toute l'Année, Lyon. 32.
120 - - - ou Prieres chretiennes, contenant tous les Exercices ordinaires du Chretien, avec un Abregé de notre Créance: par le R. P. J. Croiset, Brux. 1730. 8.
121 - - - idem, Brux. 1730. fig. 8.
122 Hist. hoiiies de l'anc. & du N. Test. Par. 1722 gr. 12.
123 Histoire Sainte selon l'ordre des Tems, pour servir à l'édification des Personnes de Pieté, & pour l'Instruction de la Jeunesse, avec des courtes Notes, Paris 1735. 2 Vol. gr. 12.

Livres de Pieté Catholiques.

124 Histoire du Culte & Pelerinage aux Reliques de la Ste Reine d'Alise, Avignon 1757. 12.

125 Homme (l') de Dieu, en la personne du R. P. Jean Jos. Seurin, par Boudon, Chartr. 1683. 8.

126 l'Homme d'Etat Chretien, tiré des vies de Moyse & de Josué, Princes du Peuple de Dieu, par Marques, traduit par Virion, Nancy 1621. fol. en Velin.

127 Homme (l') Interieur, ou la Vie du P. Jean Chrysostome, Paris 1684. gr. 8.

128 Imitation de Jesus Christ: Traduite & paraphrasée en vers François, par P. Corneille, Brux. 1723. fig. 8.

129 Imitation de Jesus Christ, avec une Pratique & une Priere à la fin de chaque Chapitre, par le R. P. de Gonnelieu, Brux. 1726. 12.

130 Imitation de Jesus Christ. Avec les Prieres du Matin & du Soir, Liege 1746. 12.

131 Imitation (Suite de l') de Jesus-Christ, ou les Opuscules de Thomas à Kempis, traduite du Latin par Bellegarde, Paris 1711. 12.

132 Imitation de Jesus Christ, par l'Abbé Lenglet du Fresnoy: où precède l'Ordinaire de la Ste. Messe, Paris 1737. fig. 12.

133 Incredule (l') detrompé, & le Chretien affermi dans la Foi par les Preuves de la Religion, exposées d'une maniere sensible, par l'Abbé de Pontbriand, Paris 1752. 8.

134 Instructions de S. Charles Boromée, Card. & Archévêque de Milan, aux Confesseurs de son Diocese, François & Latin, 8.

135 - - - - idem, Namur & Liege 1736. 8.

136 - - - - chretiennes, par Arnauld d'Andilly, Paris 1674. 12.

137 - - - - pratiques & Prieres pour la Devotion au Sacré Coeur de Jesus, Paris 1739. 12.

138 - - - - Chretiennes sur les Mysteres de N. S. Jesus-Christ & sur les principales Fêtes; Où sont expliqués les Evangiles & Epitres des Dimanches de l'Année, par Mr. de Sin-Glin, Paris 1736. 12 Vol. gr. 12. bon Ouvrage & bien ecrit.

Livres de Pieté Catholiques.

139 Instructions chretiennes sur les Sacremens & sur les Ceremonies avec lesquelles l'Eglise les administre, Brux. 1686. gr. 12.

140 Instructions sur le Dimanche & les Festes. Par Demandes & Reponses. Ouvrage utile à toutes les Familles, Paris 1738.

141 Instructions Generales en forme de Catechisme, par M. Ch. J. Colbert, Evêque de Montpellier, Paris 1702. 3 Tomes en Veau.

142 Instruction de la Jeunesse en la Pieté chretienne, par Ch. Gobinet. N. Ed. Liege 1736. 8.

143 Instruction Pastorale touchant le Sacrement de Penitence, par le Card. Denhoff, Delf. 1698. 8.

144 Instruction Pastorale du Card. de Rohan, sur la Penitence & l'Eucharistie, Strasb. 1748. 8.

145 Instructions, Pratiques & Prieres pour la Devotion du Sacré Cœur de Jesus, Metz 1726. 18.

146 Instructions du Rituel du Diocese d'Alet, Paris 1678. 8.

147 Jours Evangeliques, ou 366 Veritez, pour servir de sujet de Meditation chaque Jour de l'Année, par l'Abbé J. B. Paris 1700. gr. 12.

148 Journée du Chretien, ou l'Ecolier Sanctifié dans ses Etudes, par le P. Deville, Liege 1745. 12.

149 - - - du Chretien sanctifiée par la Priere & la Meditation, par le R. P. Deville. Gros Caracteres, ibid. 1748. gr. 12.

150 - - - idem, ibid. 1746. gr. 18.

151 - - - idem, Strasb. 1729. 12.

152 - - - idem, Gros Caracteres, Liege 12.

153 Lamy, (R. P.) les saints Gemissemens de l'Ame sur son éloignement de Dieu, Paris 1701. 12.

154 Lettres de St. Ambroise: Traduites en François par le P. Duranti de Bonrecueil, Paris 1741. 3 Vol. 12.

155 - - - choisies de St. Cyprien aux Confesseurs & aux Martyrs, avec des Remarques historiq. & morales, Amst. 1688. 8. en Veau.

156 - - - de l'Abbé de l'Isle, sur les Miracles qui s'opérent par l'intercession de Mr. de Paris, Utrecht 1732. gr. 12.

Livres de Picté Catholiques.

157 Lettres fur divers Sujets de Morale & de Pieté, Paris 1736. 3 Part. 12.

158 - - - fur divers Sujets de Pieté, de Morale, & de conduite pour la Vie chretienne, par Mr. de Sainte Marthe, Rouen 1709. 2 Vol. gr. 12.

159 Maniere d'Entendre la Sainte Meffe felon l'Efprit & l'Intention de l'Eglife. Avec des Pratiques de Pieté pour honorer le très faint Sacrement, Brux. 1721. 12.

160 - - - de remplir faintement les Devoirs de la Vie chretienne & religieufe, Paris 1691. gr. 12.

161 Manuel du Chretien, contenant le Livre des Pfeaumes, le Nouveau Teftament, & l'Imitation de J. Chrift, avec l'Ordinaire de la Meffe, Cologne 1742. 18.

162 Matyre de la Fidelité, par d'Intras de Bafaz, Paris 1623. 12. broché.

163 Matyre de St. Lambert, repréfenté en Tableau en taille douce.

164 Meditations fur des Paffages choifis de l'Ecriture Sainte pour tous les Jours de l'Année, par le P. Segneri, Paris 1737. 5 Vol. 12.

165 - - - fur les Veritez Chretiennes & Ecclefiaftiques, pour tous les Jours & principales Fêtes de l'Année, 1635. 5 Vol. 12.

166 Meditations fur les Evangiles de l'Année, par le R. P. Medaille, Tulle 1750. gr. 24.

167 Meditations fur les principales Veritez de la Religion Chretienne, avec des Confiderations & courte Refolution pour tous les Jours du Mois, Avign. 1725. gr. 12.

168 Meditations fur les plus importantes Matieres du Salut, très propres à reformer les abus du Chriftianifme de ce Tems, par le R. P. Jules: Befançon 1732. 12.

169 - - - fur les principaux Devoirs des Ecclefiaftiques, enrichies à la fin de chaque Point, de paffages choifis de l'Ecriture Sainte, des Conciles & des S. S. Peres, par Mr. Math. Beuvelet, Prêtre, Paris 1703. 8.

170 Meditations pour tous les Jours de l'Année, par un Religieux Bénédictin, Paris 1737. gr. 4.
171 - - - - ou Exclamations de S. Therese après la Sainte Communion, Brux 1692. gr. 24.
172 Methode facile pour faire la Meditation avec fruit, Liege 1745. 12.
173 Missel Romain, selon le reglement du concile de Trente, Latin & François. Sainte Manehoul 1737. 8.
174 Missel Romain, Latin & François, Paris 1722. 4 Vol. 12.
175 Mort des Justes, pour servir de Modele à ceux qui veulent apprendre à bien mourir, par le R. P. l'Allemant, Lion 1698. gr. 12.
176 Nouveau Testament avec des courtes Notes, par Sacy, Brux. 1725. 2 Vol. gr. 12.
177 - - - Testament de N. S. J. C. traduit sur l'ancienne Ed. Latine. Avec des Remarques litterales & critiques sur les principales difficultez, par R. Simon, Trevoux 1702. 4 Vol. 8.
178 - - - spirituelles & devotes, de St. Louis de Grenade, Paris 1602. fol. en Velin cordé.
179 - - - spirituelles du R. P. Lallemant, qui contient le Testament Spirituel, & les saints Desirs de la Mort, Paris 1710. 2 Vol. 8.
180 Office de la Semaine Sainte, en François & en latin : Avec des Reflexions & Instructions ; l'Explication des Ceremonies ; des Prieres pour la Confession & la Communion ; l'Entretien pendant la Messe, & les Sept. Pseaumes, Paris 1741. fig. 8.
181 Office (petit) des trois Rois, avec l'Arrêt de Mort, & les Lettres de Grace par l'Archévêque de Cologne, & son Censeur, Cologne 1751. 24.
182 - - - de la Sainte Vierge pour tous les Jours de la Semaine : Avec l'Oraison de trente Jours, Nancy 1718. 8.
183 - - - de la Semaine Sainte. L'Ordinaire de la Messe, les Sept Pseaumes de la Penitence, les Litanies des Saints, & des Prieres pour la Confession & la Communion, Paris 1743. gr. 18.

184 Of-

Livres de Pieté Catholiques.

184 Office, idem, auquel a été ajouté tout ce qui se dit jusques à Quasimodo, Lion 1733. gr. 24.

185 - - - de la Semaine Sainte, en Latin & en françois; & les Sept Pseaumes de la Penitence, Litanies des Saints, & des Prieres pour la Confession & Communion, Paris 1742. gr. 12.

186 - - - de la Sainte Vierge, avec des Instructions pour passer chretiennement la Journée. Liege 12.

187 - - - de la Sainte Vierge, par les trois Tems de l'Année; avec l'Office des Morts, les Sept Pseaumes, Litanies & Prieres, ibid. 1740. 8.

188 - - - (le grand) de la très sainte Vierge Marie, Prague 1729. 12.

189 Ordinaire de la Ste. Messe 8.

190 Palmier celeste, ou Heures de l'Eglise, enrichies des Exercices chretiennes, Offices, Litanies, Prieres & Meditations, par le R. P. Nacatene, Liege 1740. 8.

190* - - - idem, Cologne 1741. 8.

191 - - - idem, ibid. 1729. 18.

192 - - - idem, ibid. 1749. 12.

193 Pelerinage de deux Soeurs, Colombelle & Volontariette, vers leur Bien aimé dans la Cité de Jerusalem, par Boetius à Bolswerth, Lille, fig. 12.

194 Pensées ou Reflexions chretiennes pour tous les Jours de l'Année, par le R. P. Nepveu, Lyon 1748. 4 Vol. gr. 12.

195 Pensées chretiennes pour tous les Jours du Mois, par le Pere Venage, Paris 1714. 18.

196 Poësies sur l'Ecriture sainte & sur plusieurs autres sujets de Pieté, Lyon 8.

197 Pratiques chretiennes dans les Actions ordinaires de la Vie, par le P. Pierre Joseph d'Orleans, Rouen 12.

198 Pratique des Ceremonies de la Ste Messe, avec les Vêpres, Matines & Laudes, Par du Moulin, Chanoine & Vicaire general d'Arles, Brux. 12.

199 Pratique de la Devotion au très Saint Sacrement, par le P. Hugues Marot. S. J. Vienne 1755. 8.

200 Pratique de Pieté à l'honneur de St. François Xavier. Nouv. Edit. augmentée de la Devotion

de dix Vendredis à l'honneur de cet Apotre, Brux. 1732. 8.
201 Pratiques de Pieté, ou Entretiens pour tous les Jours de l'Année, Liege 1681. 2 Vol. 12.
202 - - - de la Perfection chretienne, du R. P. Rodriguez, Traduction nouvelle par l'Abbé Regn. Desmarais, Paris 1688. 4. 3 Vol. en Veau.
203 - - - de la Sanctification chretienne, ou Direction Spirituelle pour conduire les Ames dans les Voïes du Salut. Liege 1744. 8.
204 - - - de la vraye Theologie mystique, contenue dans quelques Traités de Malaval, de Bernieres, & de Ste Therese, Liege 1709. 2 Vol. 8.
205 Prieres tirées de l'Ecriture Sainte & de l'Office de l'Eglise, Paris 1702. gr. 18.
206 - - - qui se disent au Matin & au Soir dans les Familles chretiennes, Liege 18.
207 - - - & Meditations choisies, avec quelques Poësies Chretiennes, par Chevreau, Haye 1715. 18.
208 - - - & Instructions chretiennes, N. Ed. augmentée de l'Exercice pour la Messe, des Meditations, les Vêpres, Complies, Hymnes & Antiennes du Dimanche & autres Fêtes de l'année, par le R. P. Sanadon, Lyon 1756. 12.
209 - - - & Pratiques de Pieté pour les principales Fêtes de l'Anné, Barled. 1713. 12.
210 Pseaumes d'Antoine, Roi de Portugal, Paris 1701. 12.
211 - - - idem, Haye 1691. 12.
212 - - - de David & les Cantiques de l'Eglise, traduits en François selon la Vulgate; Avec des Courtes Notes, & un Abregé de la Vie de David, Brux. 1700. gr. 12.
213 - - - de David, en Latin & en François. Imprimez par ordre de l'Evêque de Metz, Metz 1711. 8.
213* - - - (les Livres des) & des Cantiques du V. & du N. Testament, en Latin & François, par de Marolles, Paris 1666. 12.
214 Pseautier de la Sainte Vierge pour toute la Semaine,

ne, par St. Bonaventure, traduit par le R. P. Chiflet, Brux. 1701. fig. 8.
215 Pseautier de la Sainte Vierge, par St. Bonaventure, Liege. fig. 18.
216 Recueil curieux d'un grand nombre d'Actions fort édifiantes des Saints & d'autres Personnes distinguées, par Bertrand Moreau, Liege 1696. 4. en Veau.
217 - - - des Conferences Ecclesiastiques de Pieté & de Doctrine, Besançon 1741. 2 Vol. gr. 12.
218 Reflexions chretiennes sur les conversations du Monde, Brux. 1698. gr. 18.
219 - - - morales & chretiennes tirées des Epitres de S. Paul, par Hommez, Latin, François & Italien, Padoue 1723. 12.
220 - - - morales sur le Jubilé, avec les Prieres de l'Eglise pour ce Saint Tems, Liege 8. broché.
221 - - - sur Jesus Christ mourant, pour se preparer à une mort chretienne, par le R. P. Tribolet, Brux. 1730. 8.
222 Regles du Chretien, ou les Maximes Evangeliques, pour tous les Jours du Mois, Lyon 1725. gr. 12.
223 Regle du Tiers Ordre de la Penitence, traduit par le R. P. Frassen, Paris 1725. 12. broché.
224 Riche charitable, ou Obligations des Riches à assister les Pauvres, par le R. P. Quarre, Brux. 1653. 8. en Velin.
225 Sainteté du Carême & du Gemissement interieur, Nancy 1722. 18.
226 Sentimens d'une ame Penitente sur le Pseaume Misere: par Madame D***. 1754. 8.
227 - - - de Pieté; par le P. Cheminais, Brux. 12.
228 Soliloques (les) de St. Augustin, Lyon 1647. 24.
229 Souffrances (les) de N. S. Jesus Christ par le R. P. Thomas, & traduit de l'Espagnol par le R. P. Alleaume, Brux. 1738. 2 Vol. 8.
230 Tableaux chretiens, ou Sonnets sur l'Evangile, Paris 1685. 12.

231 Te-

231 Testament ou Conseils fidelles d'un bon Pere à ses Enfans, par P. Fortin, Sr. de la Moguette, Lyon 1659. 12.
232 - - - Spirituel : ou Priere à Dieu pour bien mourir, par le R. P. Lallemant, Lyon 1700. 12.
233 Theatre de la Passion de N. S. Jesus Christ, representée en 32 Tableaux en taille douce, gravées par le fameux Gregoire Huret, Paris. in plano.
234 Sheodoret, de la Providence & de la Charité, avec des Sommaires par faciliter l'intelligence, par Mr. l'Abbé le Mere, Paris 1740. gr. 8.
235 Traité sur la Priere publique : & sur les Dispositions pour offrir les Saints Mysteres, & y participer avec fruit, Paris 1734. gr. 12.
236 Traités de Tertullien sur l'Ornement des Femmes, les Spectacles, le Bateme, & la Patience, Paris 1733. gr. 12.
237 Tresor immense de l'Archi-Confrerie, des Ceintures de Cuir noir, sous l'Invocation de la Sainte Vierge de Consolation, Sainte Monique, St. Augustin & S. Nicolas de Tolentin, Colmar 1734. 12.
238 Vêpres du Dimanche, traduit du P. Lallemant, Latin & François. gr. 12.
239 Vie Chretienne, où l'on donne des regles pour faire ses actions & remplir ses devoirs en Chretien, & pour passer saintement les Festes, par Mr. Rollin, Lyon 1753. 18.
240 Vie (Histoire de la) de Jesus Christ, par Mr. le Tourneux, Brux. 1717. 12.
241 - - - de S. Ignace, par le P. Bouhours, Liege 1680. 8. broché.
242 - - - (la) de Saint Ignace, Lyon 1692. 2 Vol. 12.
243 - - - des Saint Peres des Deserts & de quelques Saintes, par Arnauld d'Andilly, Paris 1737. 5 Vol. 12.
244 - - - des Saints pour tous les Jours de l'Année: Avec des Reflexions chretiennes sur la Vie de Jesus Christ; disposées pour tous les Dimanches & les Festes de l'Année, Paris 1684. fol. en Veau.
245 Vies des Saints du tiers Ordre de St. François d'Assisse, par le P. Jac. Arbaleste, Lyon 1669. 8.

246 Vie

246 Vie de Sainte Therese, en vers François & Latin, Lyon 1670. 8.
247 Vie de Sainte Therese, par l'Abbé Chanut, Paris 1691. 8. broché.
248 Voyage de Colombelle & Volontairette vers leur Bien Aimé en la Cité de Jerusalem, par Boëce de Bolswert, Liege 1734. fig. 8. broché.
249 Voyageur (le Chretien) qui court avec un zèle ardent à la celeste Patrie. Recueillies par l'Abbé Ant. And. de Krzesimowsky, Augsb. 1753. 8.

Livres Jansenistes.

250 Bible (la Ste.) Traduite sur les Textes Originaux, avec les differences de la Vulgate, Cologne 1739. 12.
251 Bible Nouv. Testament de Mons, Mons 1699. avec fig. 2 Vol. gr. 12.
252 - - - idem, du P. Quesnal, Amst. 1728. 8 Vol. gr. 12.
253 Montgeron, la Verité des Miracles de Mr. de Paris, Cologne 1739. fig. 4.

Livres Protestans.

254 Abregé du veritable Christianisme, ou Recueil des Maximes chretiennes, par Abbadie, Amst. 1666. 12. en Velin.
255 Abregé du Traité de la Paix de l'Ame & du Contentement de l'Esprit, par du Moulin le fils, Amst. 1755. 8.
256 Allix, (P.) Bonnes & Saintes Pensées pour tous les Jours du Mois, avec les Maximes du Vrai Chretien, Amst. 1687. gr. 18.
257 Bible, (la Sainte) Avec des Indices necessaires pour l'Instruction du Lecteur, par les Pasteurs & Professeurs de l'Eglise de Geneve. A cette Edition se trouvent joints les Pseaumes de David, Amst 1729. gr. fol.
258 Bible (la Sainte) avec les Pseaumes, Berlin 1749. 4.

Livres de Pieté Protestans.

259 Bible, (la Sainte) par Mr. Basnage, Amst. 1727. 2 Vol. gr. 4.
260 - - - (la Sainte) avec un Commentaire Litteral composé des notes choisies & tirées de divers Auteurs Anglois, Haye 1742. & seq. 4.
261 - - - (la Sainte) avec les nouveaux Argumens & les nouv. Reflexions sur chaque Chapitre, par J. F. Osterwald, Amst. 1724. gr. fol.
262 - - - avec des Paralleles & des Sommaires, par D. Martin, Altona 1739. 8.
263 - - - V. & N. Testament avec les Pseaumes tout Musique, Haye 1731. 12.
264 Bonnes & saintes Pensées pour tous les Jours du Mois: N. Ed. augmentée de Maximes chretiennes, Politiq. & Morales, Amst. 1714. 12.
265 Burnet, Traité de la Foy & des Devoirs des Chretiens, Amst. 1729. gr. 12.
266 Cantiques sacrez pour les principales Solennitez des Chretiens, & sur divers autres Sujets, tout en Musique, Cassel 1740. 8.
267 Catechisme pour l'Instruction de la Jeunesse, par Dan. de Superville, Amst. 1728. 8.
268 - - - (Nouvel Abregé du) pour l'Instruction de la Jeunesse, Haye 1706. 12.
269 Chaine d'Or, pour enlever les Ames de la Terre au Ciel. Ou Considerations importantes sur les IV. fins de l'Homme, par Stevens, Cassel 1748. gr. 12.
270 Clarke, Explication du Catechisme de l'Eglise Anglicane, Amst. 1737. 8.
271 Combat Chretien, ou Traité des Afflictions publiques & particulieres, par du Moulin, Londres 1711. gr. 12.
272 Commencemens & Progrès de la vraie Pieté. Avec des Meditations ou des Prieres, par Doddridge, traduit par Vernede, Basle 1752. 8.
273 Drelincourt, Catechisme, ou Instruction familiere sur les principaux Points de la Religion chretienne, Amst. 1730. 8.
274 Discipline ecclesiastique des Eglises reformées de France, avec les Observations des Synodes Nationaux;

naux; & la conformité de la dite Discipline avec celle des anciens Chretiens, Amst. 1710. 4.

275 Discours sur l'Amour Divin, par Coste, Amst. 1715. 12.

276 Elemens du Christianisme, ou abregé des veritez & des Devoirs de la Religion chretienne, par Superville. Amst. 1737. 8.

277 Emmanuel ou Paraphrase Evangelique; Poëme chretien, par Ph. le Noir, Amst. 1729. 8.

278 Epitres & Evangiles qui se lisent dans l'Eglise pendant toute l'Année, par Ruhlen; interpretées en Allemand, Braunsw. 1736. 8.

279 Essai de Theologie pratique, ou Traité de la Vie Spirituelle & de ses Caracteres, de Vitringa, traduit, par de Limiers, Amst. 1721. 8.

280 Exercice (de l') du Ministère Sacré, par Mr. d'Osterwald, Amst. 1737. 2 Vol. 8.

281 Formulaire de Prieres dont se servoit Guillaume III. participant au Sacrement de la Cene par J. Moere, Amst. 1704. 12.

282 Heures chretiennes ou Occupations saintes, contenant les Cantiques spirituels; les Pseaumes, le Catechisme de Luther, les III. Symboles oecumeniques; la Confession d'Augsbourg; & la Liturgie de l'Eglise protestante qui est à Francfort, avec un Recueil de Prieres Devotes, Franct. 1740. 8.

283 Histoires les plus remarquables de l'Anc. & du Nouv. Testament: Gravées en Cuivre par le celebre Jean Luyken, & enrichie d'une savante Description, Amst. 1732. fig. fol.

284 - - - du Patriarche Joseph, mise en Vers heroïques, Leide 1738. gr. 8.

285 Innocence du Catechisme de Heidelberg; où l'on a joint des Discours sur les Catechismes, sur les Formulaires, & sur les Confessions de Foi, par Lenfant, Amst. 1723. 8.

286 Leçons chretiennes d'un Pere à ses Enfans, par Olivier, Haye 1707. 8.

287 Lettres à une Demoiselle Catholique sur la necessité d'examiner la Religion, par Des Voeux, Haye 1734. 8.

Livres de Pieté Protestans.

288 Livre de Job, par Schultens, traduit par Joncourt, Sacrelaire & Allemand, Leide 1748. 4. broché.

289 - - - de Job, avec des Notes Littrales, par Theod. Crinsoz, Rott. 1729. gr. 4.

290 Lucas, Perfection du Chretien, Utr. 1740. 8.

291 Moyen de plaire à Dieu sous l'Evangile, par Hoadley; Traduit par Ricotier, Amsterd. 1720. 2 Vol. 8.

292 Nouveau Testament, selon les Versions de Geneve & de Mart. Luther. François-Allemand, Berlin 1742. 8.

293 - - - Testament, Haye 1664. gr. 12.

294 - - - Testament, de Charenton. gr. 12.

295 - - - Testament & Pseaumes, tout musique, Amst. 1684. 8. en Veau.

296 - - - idem, en chagrin noir.

297 - - - idem, Haye 1731. 12. en Veau.

298 - - - Testament & Pseaumes par Vers. Mus. Chareton, 1658. 12.

299 - - - idem, Charenton 1662. 12.

300 - - - idem, & Pseaumes tout Musique, Amst. 1682. 12.

301 - - - idem, Amst. 1700. 12.

302 - - - (le) Testament, par Martin, avec les Pseaumes de David, mis en vers François, approuvez par le Synode Wallon des Prov. Unies. Tous en musique; avec la Prose à côté & les argmens sur chaque chapitre, avec quinze Cantiques, Utrecht 1731. 2 Vol. 4.

303 - - - Testament, avec des Notes litterales par Lenfant, Amst. 1736. 2 Vol. 4. en Veau.

304 - - - Testament, par de Beausobre & Lenfant, Franç-Allem. Basle 1746. 8.

305 Occupations Saintes, contenant les Cantiques Spirituels, & les Pseaumes qu'on chante dan les Eglises Lutheriennes, avec le Catechisme & la Liturgie. 8.

306 Oeuvres Spirituelles, contenant diverses Poësies chretiennes, composées dans les horreurs de la Bastille de Paris, par Renneville, Haye 1725. 8.

307 Pi-

Livres de Piété Protestans.

307 Pictet, la Theologie chretienne, & la Science du Salut, Geneve 1721. 3 Vol. 4.
308 Pratique de de Pieté, par Bayle; Traduit de l'Anglois par Verneuilh, Charenton 1667 12.
309 - - - de l'Humilité, par de la Mothe, Amst. 1710. gr. 12.
310 Pratique des Vertus chretiennes, ou tous les Devoirs des Hommes. Avec les Devotions particulieres. Livre necessaire dans chaque famille, Genf. 1717. 8.
311 Preservatif (Suite du) contre le Changement de Religion, par Brueys, Haye 1683. 12.
312 Pseaumes de David, Premier Verset Musique, Amst. 1730. gr. 4.
313 - - - idem, tout Musique, Amsterd. 1708. gr. 18.
314 - - - idem, de Marot & Beze, tout Musique, Amst. gr. 18.
315 - - - idem, I. Verset Musique par M. V. Conrart, Quevilly, 1680. gr. 24.
316 - - - idem, David I. Verset Musique, Amst. 1708. gr. 32.
317 - - - idem, Geneve 1711. gr. 24.
318 - - - idem, de Marot & Beze, I. Vers Musique, Charenton, gr. 32.
319 Pseaumes de David, en Vers François, revus par le Synode des Prov. unies, tout Musique, Amst. 1730. gr. 12.
320 - - - idem, tout Musique, Haye 1731. gr. 12.
321 - - - idem, Berlin 1730. gr. 12.
322 - - - idem, Amst. 1738. gr. 12.
323 - - - idem, Prem. Vers. Musique, Amst. 1730. gr. 12.
324 Pseaumes de David en Vers François, revus par le Synode des Prov. Unies, tout Musique, Haye 1729. gr. 12.
325 - - - de David, I. Vers. Mus. Berlin 1701. 12.
326 - - - de David, mis en François par les Pasteurs de Geneve, Charenton 1659. gr. 12.
327 - - - (le Livre des) Nouv. Version, Amst. 1692. gr. 12.

Livres de Pieté Protestans.

328 Pseaumes (Essai d'une nouvelle Traduction des) en Vers, avec quelques Cantiques, par Terond, Haye 1721. gr. 12.

329 - - - de David, approuvés par le Synode Walton des Prov. Unies. Pr. Verf. Musique, Amst. 1730. 32.

330 - - - Tous en Musique avec la Prose à côté, & les Argumens sur chaque Pseaume. Avec XV. Cantiques que l'on peut chanter en Famille, Leide 1731. 4.

331 - - - de David, premier Vers. Musiq. Berlin 1701. 12.

332 Recueil de plusieurs Preparations pour la S. Cene; faites par divers Auteurs, Amst. 1686. 12.

333 Reflexions importantes pour arriver à la Felicité de la Vie à Venir, par J. Shouer, Rott. 1738. 8.

334 - - - pieuses, inspirées dans la Bastille à Sam. Gringalet sur ces IV. Questions, qui suis-je? Ou suis-je? Qui m'y a mis? & Pourquoi? Haye 1725. 8.

335 Relation du Martyre de Mr. P. Durand, 1732. gr. 4.

336 Sermon sur Job, Chap. XXXIV. Vers: 30. prêché en presence d'une Societé de Jurisconsultes: avec le Supplement, par un Laïque, Haye 1734. 12.

337 Traité de la Repentance tardive, par Bernard, Haye 1741. 8. broché.

338 Traité de la Devotion, par Jurieu, Haye 1726. gr. 12.

339 Traité de l'Amour divin, par Jurieu, Rott. 1700. 2 Vol. 12. en Veau.

340 Voyage de Beth-El; Avec des Prieres & des Meditations, par Foquembergues, Charent. 24.

341 Voyage de Bethel, avec les Prieres & Meditations pour participer dignement à la Sainte Cene. 12.

www.ingramcontent.com/pod-product-compliance
Lightning Source LLC
Chambersburg PA
CBHW070738170426
43200CB00007B/572